부자들의 시크릿 노트

the science of getting rich

윌리스 D. 와틀스 지음 · 김병민 옮김

예감

the science of getting rich

서문

이 책은 철학책이 아니다. 이 책은 이론적인 학술서가 아닌 극히 실용적인 설명서이다. 무엇보다도 돈을 절실하게 필요로 하는 사람들, 우선 부자가 되는 것이 급선무인 사람을 위한 책이다.

이 책은 깊이 있는 이론을 연구할 시간, 수단, 기회가 없는 사람과 실질적인 성과를 갈구하며 과학적 결론을 받아들일 의사가 있는 사람을 위한 책이다. 그리고 행동하기를 원하는 사람을 위한 책이다.

당신은 마르코니나 에디슨이 발표한 전기의 법칙을 믿는 것과 마찬가지로 나의 말을 믿어 주기 바란다. 내 말을 믿고 받아들인 다음에 아무런 두려움이나 망설임이 없이 행동하여 그것을 증명해 주기 바란다. 그러면 당신은 분명 부자가 될 것이다. 이 책에 적용된 내용은 과학이자 법칙이기 때문에 실패는 불가능하다. 그럼에도 불구하고 이론을 확인하거나 믿음에 대한 논리 기반을 확보하고 싶은 사람을 위해 나는 권위 있는 몇몇 학자를 소개할 생각이다.

우주 만물의 수많은 요소로 하나의 실체로 나타난다는 일원론은 힌두교에서 유래했으며 200여 년에 걸쳐 서구 사회에 점차 스며든 사상으로 그 영향력을 확대해 왔다. 이는 모든 동양 철학과 데카르트, 스피노자, 라이프니츠, 쇼펜하우어, 헤겔, 에머슨 등의 사상에 영향을 미쳤다. 이 책의 철학적 뿌리를 파헤쳐 보기를 원하는 사람에게는 특히 헤겔과 에머슨의 글을 읽어보길 권한다.

이 책을 누구나 쉽게 이해할 수 있도록 명료하고 단순하게 쓰려고 무진 애를 썼다. 이제부터 소개할 이론은 논리의 추론에 따라 철저한 확인과 강도 높은 시험을 통해 입증된 것으로 예외는 없다.

내가 결론을 어떻게 도출했는지 궁금한 사람은 위에서 언급한 사람의 글을 읽어 보라.

그 사람들의 열매를 수확하고 싶은 사람은 이 책을 읽으라. 그리고 기록된 대로 행동하라.

월리스 D. 와틀스

차례

서문

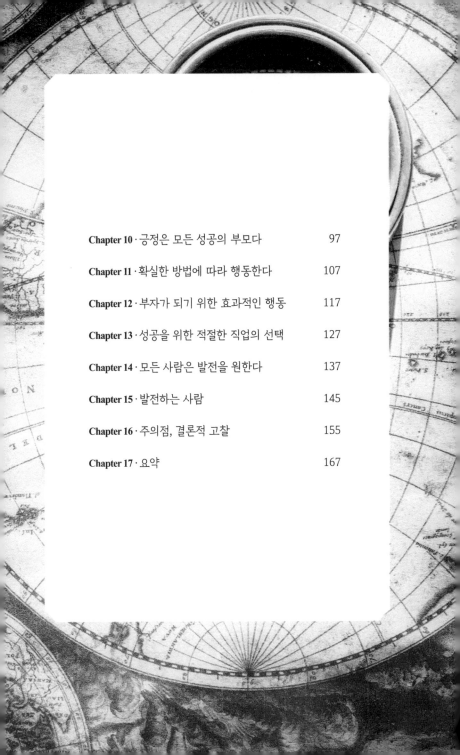

01

부자가 될 권리

The Right to be Rich

Chapter 01

부자가 될 권리

The Right to be Rich

욕심이 없는 것을 아무리 칭송한다 해도 부자가 아니면 진정한 의미의 성공한 삶을 살아가지 못한다. 충분한 돈이 없으면 재능이나 영혼을 최대한 계발하는 것은 불가능하다. 영혼의 자유와 재능의 계발을 위해서는 많은 물질의 사용이 필수인데 돈이 없으면 물질을 소유할 수 없기 때문이다.

사람은 물질을 이용해서 마음, 영혼, 육체를 계발시킨다. 사회는 지나치게 조직화되어 있어서 무언가를 소유하려면 돈이 있어야 한다. 따라서 인간의 모든 성장의 밑바탕에는 '부자가 되는 법'이 있을 수밖에 없다.

노력 없는 인생은 수치 자체이다. 어제의 불가능이 오늘의 가능성이 되며, 전 세기의 공상이 오늘의 현실로서 우리들의 눈앞에 실현되고 있다.

실로 무서운 것은 인간의 노력이다. 그리고 믿어라. 그러면 당신의 믿음이 적절한 시기에 믿는 것을 객관적인 현실로 창조해낼 것이다.

한 가지, 우리가 인식해야 할 점이 있다. 부자가 될 권리를 향상시키는 비결은 명심하고 끝까지 믿고 기대를 저버리지 말아야한다. 즉, 일이 어떻게 풀리든 반드시 부자가 될 것이라고, 필요할 때에는 틀림없이 돈이 들어올 것이라고, 앞으로는 분명히 풍요로운 삶을 누리게 될 것이라 믿어라.

모든 생명체의 목적은 발전이다. 생명을 가진 모든 것은 발전에 대한 원천 권리를 갖는다. 생명을 영위하는 인간의 권리는 정신, 영, 육체의 자유에 필수인 모든 것을 제한 없이 사용할 권리가 있다. 다시 말해, 우리 모두는 부자가 될 권리가 있다.

이 책에서 나는 부를 비유로 말하지 않겠다. 진정한 의미의 부유함은 소박한 만족을 의미하지 않는다. 그 이상의 것을 사용하고 즐길 줄 아는 사람이라면 그보다 적은 것에 절대로 만족해서는 안 된다.

모두 스스로 발전하려 하는 것은 자연스러운 일이다. 모든 인간은 힘차고, 기품 있고, 아름답고, 풍요로운 삶을 누릴 신성한 권리를 지닌다.

부자란 자신이 원하는 삶에 필요한 모든 것을 소유한 사람이다. 풍족한 돈 없이 원하는 것을 모두 가질 수 있겠는가. 사람은 누구나 자신의 능력 안에서 최대한 결과를 이끌어내고 싶어하며, 내재된 가능성을 깨달으려는 욕망은 인간의 타고난 본성이다.

그러나 개개인의 삶의 모습이 다양해졌기 때문에 평범한 사람도 성공한 삶을 살기 위해서는 막대한 부가 필요하다.

성공한 삶은 자신이 원하는 사람이 되는 것이다. 사람은 물질을 사용함으로써 원하는 사람이 되어간다. 그 물질을 소유할 만큼 부자가 되어야 마음대로 그것을 사용할 수 있다. 따라서 부자가 되는 법을 이해하는 것은 다른 어떤 지식을 배우는 것보다 중요하다.

부자가 되고자 하는 마음은 잘못된 것이 아니다. 부자가 되고자 하는 욕망은 실제로 풍요롭고 알찬 삶을 살고자 하는 욕망이다. 이러한 욕망은 지극히 정상인 것이다. 풍요로운 삶을 마다하는 사람은 비정상인 사람이다. 원하는 것을 모두 살 수 있을 만큼 충분한 여유를 원치 않는 사람은 자신의 잠재력을 발휘하지 않으려는 것이다.

우리의 삶을 살아가게 하는 동기motive가 되는 것이 세 가지가 있다. 몸, 마음, 영혼이다. 이 셋 중 어느 하나라도 다른 것보다 덜 중요하거나 저급하지 않다. 세 가지 모두 소중하다. 셋 중 어느 하나가 충분히 발휘되지 못하면 온전히 살아갈 수 없다. 몸과 마음을 거부하고 영혼만을 위해 살아가는 것이 옳고 고귀하다고 할 수 없으며, 몸과 영혼을 거부하고 마음만을 위해 살아가는 것도 잘못된 일이다. 또 마음과 영혼을 거부하고 육체만을 위해 살아갈 때 어떤 비참한 결과가 오는지 우리는 잘 알고 있다.

진정한 삶이란 몸, 마음, 영혼을 통해 가능한 많은 것을, 되도록 완벽하게 실현한다는 뜻이다. 몸이 제 기능을 다하지 못하고 마음과 영혼도 그러하지 못하면 진정한 행복을 누리며 만족한 삶을 살 수 없다.

자신의 능력을 발휘하지 못하면, 욕망은 충족되지 못한다. 자신의 가능성을 표현하는 것이 욕망이기 때문이다. 인간은 좋은 음식, 편한 옷, 안락한 집이 없거나 과중한 노동에서 자유롭지 못하면 육체적으로 충만한 삶을 살아갈 수 없다. 휴식과 오락 역시 삶에서 꼭 필요한 부분이다. 책을 읽고 공부하거나, 여행과 관찰의 기회를 갖거나, 지적인 친구를 갖지 못하면 정신적으로 충만한 삶을 살 수 없다. 정신이 충만한 삶을 살기 위해서는 지적인 오락을 즐겨야 하고, 자기 주변에 사용하고 감상할 수 있는 예술 작품이나 감성을 자극할 아름다운 무언가가 있어야 한다.

영혼이 충만한 삶을 살기 위해서 사람은 사랑을 가져야 한다. 사랑의 표현은 가난에 의해 자주 좌절된다. 사람이 느끼는 최고의 행복은 사랑하는 사람에게 이익을 베풀 때 발견된다. 가장 자연스럽고 무의식적 사랑의 표현은 주는 행위이다. 아무 것도 줄 것이 없는 사람은 배우자, 부모, 사회인, 인간으로서 역할을 다할 수 없다.

인간은 삶 속에서 육체를 통해 충만한 삶을 찾고, 감성을 통해 정신 계발을 추구하고 영혼의 따뜻함을 찾고자 하는데, 이는 물질을 사용함으로써 이루게 된다. 따라서 부자가 되는 것은 지극히 중요한 일이다.

부자가 되고자 함은 지극히 당연한 욕망이다. 남녀를 불문하고 정상인 사람이라면 부자가 되고자 하는 욕망을 멈출 수 없다. 부자가 되는 법에 관심을 쏟아야 하는 것이 지극히 정상인 이유는 어떤 공부보다도 고귀하고 필수적이기 때문이다.

부자가 되는 법을 공부하기 게을리 하는 것은 자기 자신과 하나님에 대한, 인류에 대한 의무를 소홀히 하는 것이다. 자기 자신의 삶을 충만하게 사는 것이 하나님과 인류에 대한 봉사임을 잊지 말자.

모든 생명체의 목적은 발전이다. 생명을 가진 모든 것은 발전에 대한 원천 권리를 갖는다.

생명을 영위하는 인간의 권리는 정신, 영, 육체, 자유에 필수인 모든 것을 제한 없이 사용할 권리가 있다. 다시 말해 우리 모두는 부자가 될 권리가 있다.

02

부자는 어떻게 되는가?

There is a Science of Getting Rich

Chapter 02

부자는 어떻게 되는가?

There is a Science of Getting Rich

부자가 되는 것은 과학이다. 대수학이나 산수처럼 정밀한 과학이다. 부를 획득하는 과정에는 몇 가지 법칙이 있다. 그 법칙을 배우고 따르면 부자가 될 수 있다.

자신이 소유한 돈과 재산은 어떤 일을 특정한 방식으로 실행한 결과이다. 그 방식으로 실행한 사람은 의도이든 우연이든 부자가 된다. 그 방식에 따라 실행하지 않은 사람은 아무리 열심히 일하고 많은 능력이 있어도 계속 가난하게 살아간다. 같은 원인은 항상 같은 결과를 생산하는 게 자연법칙이다. 따라서 특정한 방식으로 실행하는 법을 배운 사람은 남녀를 막론하고 누구나 반드시 부자가 된다.

부자가 되는 것은 환경의 문제가 아니다. 환경이 문제라면 일정한 지역에 사는 사람은 모두 부유해야 할 것이다. 어느 도시에 사는 사람은 모두 부자가 되고, 다른 마을에 사는 사람은 모두 가난에서 벗어나지 못해야 할 것이다.

한 국가에 사는 국민은 모두 부를 누리고, 그 옆 나라에 사는 국민은 가난에 찌들어야 할 것이다. 그래도 같은 환경 속에서도 빈부가 있는 경우를 종종 볼 수 있다. 같은 지역, 같은 일에 종사하는 두 사람이 있다고 치자. 한 사람은 부자이고 다른 사람은 가난하다면 부자가 되는 것이 환경과 관계가 없다는 사실이 드러난다.

물론 어떤 환경이 다른 환경과 비교해 조건이 좋을 수는 있다. 서로 이웃해 살면서 같은 직종을 가졌으나 부자가 되는 사람과 그렇지 못한 사람으로 나뉘는 경우를 보면, 부자가 되는 것이 특정한 법칙을 따라 일을 행할 때 생기는 결과라는 사실을 알려준다. 또한 특정한 법칙에 따라 일을 실행하는 능력은 재능의 차이라고 말할 수 없는 것이다.

뛰어난 재능을 지닌 사람이 가난을 면치 못하고 재능이 거의 없는 사람이 부자가 되는 경우가 많은 것을 보면 알 수 있다. 부자를 연구해 보면 모든 면에서 평균이라는 사실을 알 수 있다. 뛰어난 재능이나 능력이 있어야만 부자가 되는 것은 아니라는 것이 분명하다. 그들이 부자가 되는 것은 특정한 법칙에 따라 행동하기 때문이다.

부자가 되는 것은 저축이나 절약으로 인한 것이 아니다. 매우 검소하게 사는 많은 사람이 가난하고, 돈을 펑펑 쓰는 사람이 부자인 경우도 종종 있다. 다른 이들이 실패하는 일을 성공시켜 부자가 되는 것은 아니다. 같은 직업을 가진 두 사람은 거의 똑같은 일을 하지만 한 사람은 부자가 되고 다른 한 사람은 가난해지거나 파산하는 경우도 있기 때문이다.

그러한 모든 사실을 고려해 볼 때, 부자가 되는 것은 특정한 법칙을 따라 행동하는 결과라는 결론을 내릴 수밖에 없다. 부자가 되는 것이 특정한 방식으로 일을 실행하는 결과라면 어떤 사람이든 그 법칙을 따르기만 하면 부자가 될 수 있다는 말과도 같은 것이다. 같은 원인이 항상 같은 결과를 이끌어 낸다면 우리가 다루고 있는 문제 전체는 정밀과학의 영역에 포함될 수 있다.

그런데 여기서 이 특정한 법칙을 따르는 것이 너무 어려워 소수만이 가능한 것일 수도 있다는 의문이 생긴다. 앞에서도 말했듯이 선천적 재능이 중요하지 않기 때문에 그것은 사실이 될 수 없다. 재능이 있는 사람도 부자가 되고 얼간이도 부자가 된다. 매우 똑똑한 사람도 부자가 되고 똑똑하지 못한 사람도 부자가 된다. 육체가 강한 사람도 부자가 되고 약하고 병든 사람도 부자가 된다.

어느 정도 생각하고 이해할 수 있는 정도의 능력은 물론 필요하다. 타고난 재능이 없어도 글을 읽고 이해할 수 있는 실력만 있으면 누구든 충분히 부자가 될 수 있다. 환경의 문제는 중요하지 않다고 말했지만 아주 상관이 없는 것은 아니다. 예를 들어 사하라 사막의 한 가운데에서 성공한 비즈니스를 기대하기란 매우 어려운 일이다. 부자가 되는 것은 사람들과 관계 속에서 생기는 것이지 혼자서는 이룰 수가 없기 때문이다. 환경의 문제는 그

정도에서 그친다. 당신이 살고 있는 마을에서 누군가 부자가 되었다면 당신도 부자가 될 수 있다.

부를 이루는 것은 특정 직종이나 직업과 관련 있는 것은 아니다. 어느 직종, 어느 자리에서도 부자가 될 수 있다.

당신은 자신이 원하는 직업을 선택해 최선을 다해야 한다. 잘 발전시켜 온 재능이 있다면 그 재능을 발휘할 수 있는 직종에서 최선을 다 한다. 또한 지역적 특성에 맞는 직종에서 최선을 다해야 한다. 아이스크림 가게는 아이슬란드에 차리는 것보다는 더운 지역에 차리는 것이 나을 것이다. 연어 사업을 한다면 플로리다보다 노스웨스트에서 하는 것이 나을 것이다.

그러한 일반적인 제약은 제쳐 두고서라도, 부자가 되는 것은 어느 산업에 종사하느냐의 문제가 아니라 특정한 법칙을 배워서 실행하느냐 실행하지 않느냐에 달려 있다.

자신이 몸담고 있는 산업 분야에서 누군가 부자가 되었고 자신이 그렇지 않다면 그것은 그 사람이 일을 실행한 방식과 같은 방식으로 일을 하지 않기 때문이다.

빚을 어마어마하게 진, 나라 최고의 가난뱅이라도 이 특정한 법칙에 따라 일을 실행하면 틀림없이 부자가 될 것이다. 같은 원인은 같은 결과를 낳기 때문에 친구, 영향력, 자산이 없더라도 부자가 될 것이고 자본이 없다면 자본을 갖게 될 것이다.

자신에게 맞지 않는 사업을 하고 있다면 맞는 사업을 하게 될 것이다. 좋지 않은 곳에 살고 있다면 좋은 곳으로 이사하게 될 것이다. 현재의 직종과 현재 살고 있는 장소에서 성공을 이끌어내는 특정한 방식으로 일을 실행하기 시작하면 그렇게 될 수 있다.

돈을 많이 벌어 부자가 되려는 마음은 사람이면 누구나 지니는 목표와 이상이다. 부는 곧 힘이자, 자유이며, 사회 전체의 질서를 유지해 주는 가장 강한 힘을 가지고 있다. 부를 많이 축적한 사람일수록 자신감을 충만하게 드러낸다.

부와 자유는 같다. 인간이라면 누구나 자유를 누릴 권리가 있듯, 부를 누릴 권리도 있는 것이다.

부자가 된 사람들 중 태어날 때부터 손에 재물을 쥐고 태어난 사람은 거의 없다. 그들이 성공한 이유는 부자가 되는 비밀을 알고 있었기 때문이다. 그들이 알고 있는 비밀을 독자도 알게 된다면, 지금 당장 밖으로 나가 돈을 벌고 싶을 것이다.

부자가 되는 것은 특정한 법칙을 따라 행동한 결과라고 말할 수 있다. 부자가 되는 것이 특정한 방식으로 일을 실행하는 결과라면, 어떤 사람이든 그 법칙에 따르기만 하면 부자가 될 수 있다는 말과도 같다.

기회는 일부만의 독점인가?

Is Opportunity Monopolize?

Chapter 03

기회는 일부만의 독점인가?

Is Opportunity Monopolize?

똑같은 기회가 주어져도 사람에 따라 다른 결과를 가져온다. 어떤 사람은 아무것도 얻지 못하지만, 어떤 사람은 그 기회를 통해 일확천금을 얻기도 한다. 그 이유는 바로 기회를 어떻게 이용하느냐에 따라 달라지기 때문이다. 세상의 기회를 적절히 이용할 줄 모르고 놓쳐버리는 경우가 너무 많다.

세상의 모든 기회는 준비하고 노력하는 자에게만 주어진다. 또한 기회는 스스로 창조하는 것이지 누군가에게서 얻을 수 있는 자산이 아니다. 언제 다가올지 모르는 기회를 준비하며 주어진 인생에 날마다 최선을 다해야 한다.

몇몇 사람이 부를 독점하고 다른 사람이 가질 수 없도록 장벽을 쳤기 때문에 당신이 부자가 될 수 없는 것은 아니다. 어떤 종류의 사업에 참여할 수 없다면 다른 통로를 뚫으면 된다. 연료 및 전력 생산업에 참여하지 못했다고 포기할 필요는 없다. 태양 에너지나 풍차 같은 자연의 힘을 통한 전력 생산업은 아직 초기 단계이고 거대한 잠재력을 지니고 있다.

오래지 않아 커뮤니케이션 및 운송의 새로운 시스템이 현재와 매우 다른 형태로 나타날 것이다. 그것은 대규모의 산업으로 발전될 것이고, 어쩌면 수십만 수백만 고용을 창출할 것이다. 대기업과 경쟁하는 대신 이러한 사업에 눈을 돌리는 것은 어떤가?

전력 생산 공장에서 일하는 직업도 예외는 아니다. 고용주가 될 기회는 거의 없다고 생각하겠지만 특정한 방식으로 행동하기 시작한다면 불가능한 일도 아니다. 전력 생산 공장에 다니는 일을 곧 그만 두고 1만 평에서 4만 평 정도 되는 농장을 사서 자연식과 유기 농산물 재배 사업을 할 수도 있다. 또는 작은 면적에서 많이 수확하는 수경 재배를 시작할 수도 있다. 소규모 유기농장을 운영하고자 하는 사람에게도 얼마든지 기회가 있다.

땅을 매입할 능력이 없다고 말할지 모른다. 특정한 법칙에 따라 행동하면 땅도 매입하고 농장을 갖게 될 것이라고 확신한다.

앞으로는 사회 전체의 요구에 따라, 사회의 진화와 각 단계의 요구에 따라 기회의 물결이 여러 방향으로 움직일 것이다. 현재 미국은 탈 중심화가 이루어지고 있으며 탈 중심화가 가능한 산업으로 중심이 이동하고 있다.

오늘날은 사무실 근로자보다는 유기농장이나 허브농장을 운영하는 사람에게 더 많은 기회가 주어지고 있다. 단조로운 일에 매달리는 근로자보다 새로운 에너지 형태나 생태학 연구에 종사하는 사업가에게 더 많은 기회가 주어지고 있다.

물살을 헤치며 거꾸로 오르는 대신 물결을 타고 가려는 사람에게 풍족한 기회가 주어진다. 개인회사나 대기업에 다니는 사무실 근로자에게도 기회는 있다. 사장이나 거대 기업 아래 눌려 지내란 법은 없다.

특정한 방식으로 일을 실행하기 시작하면 근로자도 경영자가 될 수 있다. 부의 법칙은 어느 누구에게나 마찬가지로 적용된다. 현재의 방식을 고수하는 사람은 계속 현재의 자리에만 머무를 것이다. 무지함이나 게으름에 빠지지 않는 사람은 부자가 될 기회의 물결을 탈 수 있다.

이 책에는 그 물결을 타는 방법이 나와 있다.

부의 공급 부족은 가난의 원인이 되지 못한다. 이미 부는 모두에게 풍족하게 돌아가고도 남을 만큼 있다. 미국 한 나라에 있는 건축 자재로만 전 세계의 모든 가족에게 워싱턴에 있는 국회의 사당 크기의 궁궐을 지어줄 수 있다. 미국에서 집약적 경작으로 울, 코튼, 린넨, 실크, 농작물을 생산해 내면 전 세계 인구의 의식주를 해결할 수 있다. 눈으로 헤아릴 수 있는 공급은 어마어마하다. 눈에 보이지 않는 공급까지 따지면 실로 엄청나다.

지구상에 존재하는 모든 가시적인 것은 그 과정이야 어떻든 하나의 근원 물질로 이루어져 있다. 새로운 형태로 끊임없이 만들어지고 옛것은 용해된다.

그러나 그 모든 것은 하나의 물건을 이리저리 꾸민 모양에 지나지 않는다. 무형 물질 혹은 근본 물질의 공급에는 제한이 없다. 그것으로 우주는 만들어졌지만 그것을 모두 소비해 세상을 만든 것은 아니다.

지구상에 존재하는 모든 형태의 내부 및 틈새를 채우고 통과하는 공간은 근본 물질, 즉 무형 물질과 천연 재료로 만들어져 있다. 1만 개의 우주가 아직도 더 만들어질 수 있으며 그때에도 우주의 천연 재료는 고갈되지 않을 것이다. 따라서 자연이 빈약하거나 모두에게 돌아갈 만큼 충분하지 않아서 부자가 되지 못하는 일은 없다.

자연은 고갈되지 않는 부의 저장소이다. 공급은 영원히 계속될 것이다. 근본 물질은 창조적 에너지를 발산하고 계속해서 새로운 형태를 생산해 낸다. 건축 재료의 공급이 중단되면 재료가 더 만들어질 것이다. 흙이 모자라서 음식이나 옷감 재료가 경작되지 못하면 흙이 재생되거나 새로 만들어질 것이다.

인간은 금과 은의 소비를 지속해 지구에 파묻힌 광물을 모두 소비한다면 무형 물질로부터 더 많은 것이 생산될 것이다. 무형 물질은 인간의 요구에 부응한다. 따라서 인간에게 계속 좋은 물건을 제공할 것이다. 이것은 인류 전체를 놓고 보았을 때 사실이다. 전체로 보면 언제나 부가 넘친다. 개인이 가난한 것은 자신을 부자로 만들어 주는 특정한 법칙을 따르지 않았기 때문이다.

무형 물질에게는 지능이 있다. 즉 '생각하는' 물질인 것이다. 그것은 살아 있으며 생명의 진보를 추구한다. 생명의 진보를 추구하는 것은 자연스럽고 고유한 충동이다.

생명체가 자신을 발전시키고 삶의 질을 높이며 경계를 넓혀 충만한 발현을 찾는 것은 자연스런 일이다. 형태의 세계는 살아 있는 무형 물질로 만들어졌다. 무형 물질이 충만한 발현을 위해 자신을 형태 속에 던진 것이다.

우주는 생명과 기능이 충만한 곳을 향해 항상 움직이는 거대한 생물이다. 자연은 생명의 진보를 위해 만들어졌다. 자연의 동기는 생명의 진보이다. 그런 이유로 생명이 있는 모든 것은 아낌없는 공급을 받을 수 있다. 하나님이 허락하는 한 공급 부족은 있을 수가 없다. 가난이 지속되는 원인은 부의 공급 부족이 아니다.

다음 장에서는 특정한 법칙에 따라 사고하고 행동하는 사람은 무형 물질을 자유자재로 쓸 수 있다는 사실을 더 밝혀 보겠다.

부의 법칙은 어느 누구에게나 마찬가지로 적용된다. 현재의 방식을 고수하는 사람은 계속 현재의 자리에만 머무를 것이다. 무지함이나 게으름에 빠지지 않는 사람은 부자가 될 기회의 물결을 탈 수 있다.

Chapter

04

생각하면 반드시 이루어진다

The First Principle in the Science of Getting Rich

Chapter 04
생각하면 반드시 이루어진다
The First Principle in the Science of Getting Rich

생각은 무형 물질로부터 손에 쥘 수 있는 부를 생산해 낼 수 있는 힘이다. 근본 물질은 스스로 사고하는 물질이다. 이 물질 안에서 형태에 대한 사고가 일어나면 형태가 만들어진다. 근본 물질은 자신의 사고에 따라 움직인다. 자연에서 볼 수 있는 모든 형태와 그 과정은 근본 물질 내에 있는 사고의 가시적 표현이다. 근본 물질이 형태를 생각하면 형태를 취하고, 움직임을 생각하면 움직임을 취한다. 그것이 모든 사물이 만들어지는 방식이다.

우리는 사고하는 세계에서 살고 있고, 이 세계는 사고하는 우주의 일부이다. '이동하는 우주'에 대한 사고가 무형 물질 전체로 퍼졌다. 그 사고에서 기인한 '생각하는 물질'은 태양계의 행성 시스템에 따른 형태를 띠고 계속 유지했다. '생각하는 물질'의 형태와 움직임은 사고에 의해 정해진다. 해와 지구의 궤도 시스템을 사고하면 그러한 형태를 지니고 거기에 따라 움직인다. 하나의 작업을 실행하는 데에 수세기가 걸렸을지도 모르지만, 서서히 자라는 나무의 형태를 생각함으로써 무형 물질은 나무를 생산한다. 무형 물질은 창조되는 과정에서 움직임의 선을 따라 이동하는 것처럼 보인다.

참나무에 대한 사고가 다 자란 나무의 형태를 만들어 내지는 않는다. 사고는 단지 나무의 성장 곡선이 가동하도록 만들어 줄 뿐이다. 모든 사고는 그 형태를 창조한다. 항상, 아니 적어도 일반적으로 이미 성립된 성장과 행동의 선을 따른다.

일정한 구조를 지닌 집에 대한 사고가 무형 물질에 구체적인 형태를 만드는 것은 사실이지만 그 집의 완성된 형태를 즉각적으로 만들어 내는 것은 아니다. 이미 작동하고 있는 창조 에너지는 집을 빠른 속도로 만들어낼 수 있는 통로로 들여보내 주는 역할을 한다.

그러나 창조적 에너지가 작동할 수 있는 기존의 통로가 없다면 유기물 및 무기물의 느린 과정을 거치지 않은 채 천연 물질에서 곧바로 형태를 갖춘 집이 탄생할 것이다. 형태의 창조를 만들어내지 않고 근본 물질에 모양을 찍는 사고는 없다.

인간이 사고의 중심이고 근원이다. 인간이 손으로 만들어낸 모든 형태는 틀림없이 사고에서 나온 것이다. 어떤 물건에 대한 사고가 생길 때에야 비로소 그 물건을 만들 수 있다. 그러한 시도가 지금까지는 수작업으로 국한되었고, 형태의 세상에 수공이 적용되어 왔기에 기존의 형태를 창조하려는 생각은 해본 적도 없다. 인간은 어떤 사고 형태가 생기면 자연으로부터 재료를 취해 마음속으로 그 형태의 영상을 만든다.

지금까지는 무형 지능과 협동을 거의 하지 않거나 전혀 하지 않았다. 다시 말해 '하나님과 함께 일하고' 하나님이 한 일을 혼자서 시도해 보는 것은 꿈도 꾸지 않았다. 사람은 수공으로 기존의 형태를 바꾸고 변형시켰다. 사고를 통해 무형 물질로부터 물건을 생산할 수 있다는 사실을 생각조차 해보지 않은 것이다. 나는 인간이면 누구라도 그 일을 할 수 있다는 것을 증명하고 그 방법을 보여주려 한다.

그 첫 단계는 세 가지 기본 전제를 제시하는 것이다.

첫째, 하나의 근본 무형 물질에서 모든 사물이 만들어진다. 여러 요소로 보이는 것이 사실은 한 가지 요소의 다른 모습이다. 유기물과 무기물의 자연에서 발견되는 여러 형태는 같은 것으로부터 만들어진 다른 외양일 뿐이다. 그 한 가지 요소란 '생각하는 물질'이다. 생각하는 물질 속에 있는 사고는 그것의 형태를 만들고 모양을 만들어낸다.

인간은 사고의 중심이고 독창적인 사고를 할 능력이 있다. 인간이 '생각하는 근본 물질'과 자신의 생각을 주고받을 수 있다면 자신이 생각하는 물건의 형태를 만들 수 있을 것이다. 이것을 요약해 보면 다음과 같다.

○ 생각하는 물질이 있다. 그것은 만물의 근원이며 우주의 모든 공간을 침투해 스며들고 우주를 가득 채운다.

● 이 물질 내에 있는 사고는 생각에 의해 형상화된 것을 생산해 낸다.

○ 인간은 머릿속으로 어떤 것의 형태를 만들어낼 수 있다. 무형 물질 위에 자신이 생각한 형태를 찍어냄으로써 그것을 창조할 수 있다.

나는 위의 주장을 증명할 수 있다. 형태와 사고의 현상으로부터 거꾸로 추론하면 하나의 '생각'하는 근본 물질에 이르게 된다. 생각하는 물질에서 시작해 추론해 나가면 사물의 형태를 존재하게 한 개인의 힘에 다다르게 된다.

실험으로도 이 주장이 사실이라는 것을 알 수 있는데 이것이야말로 가장 강력한 증거이다. 이 책을 읽은 사람이 내가 시키는 대로 실행해 부자가 된다면 내 주장을 지지하는 증거가 된다. 나아가서 내 말을 들은 사람 모두가 부자가 된다면 누군가 과정 중에 실패를 할 때까지는 내 주장이 틀리지 않다는 것의 증거가 될 것이다. 실패자가 나올 때까지 이 이론은 사실이다. 실패자는 나오지 않을 것이다. 내가 하라는 대로 정확히 실행하는 모든 사람은 부자가 될 것이기 때문이다.

특정한 법칙에 따라 일을 하면 부자가 된다고 말했다. 그렇게 하기 위해서는 특정한 방식으로 생각할 줄 알아야 한다. 행동 방식은 그 행동에 대한 사고방식의 직접 결과이기 때문이다. 원하는 방식으로 어떤 일을 실행하고 싶으면 자기 의지대로 생각하는 능력을 길러야 할 것이다.

이것이 부자가 되는 첫 번째 단계이다. 생각하고자 하는 것을 생각하려면 겉모습에 상관없이 '실제'를 생각해야 한다. 사람은 누구나 자신의 의지대로 생각할 천부의 능력이 있다. 겉모습에 의해 암시된 '실제적 사고'를 생각하려면 보기보다 많은 노력이 필요하다. 겉모습에 따라 생각하는 것은 쉽다. 겉모습을 무시하고 '실제'를 생각하는 것은 힘든 일이며 많은 에너지를 소모시킨다.

대부분의 사람은 행동을 하면서 계속 사고를 하지 않는다. 그것이 세상에서 가장 힘든 일이기 때문이다. '실제'가 겉모습과 반대의 모습을 띠고 있을 때에 특히 그렇다. 가시적 세상의 모든 외간은 그것을 보는 마음에 따라 형태를 생산하는 경향이 있다. 그것은 '실제'를 유지하려는 생각의 힘을 차단한다.

질병을 생각하는 것은 자기 마음속에, 결국에는 자기 몸에 질병의 형태를 만들어 내는 것이다. 그렇게 하는 대신 질병은 겉모습일 뿐이고 실제로는 건강하다고 생각하라. 가난의 겉모습을 자세히 들여다보는 것은 자기 마음속에 그에 해당하는 형태를 만들어내는 것이다. 그렇게 하는 대신 가난이 존재하지 않는다는 실제를 명심해야 한다.

세상에는 부유함만이 있을 뿐이다. 병들었을 때 건강을 생각하려면, 가난할 때 부유함을 생각하려면 힘이 필요하다.

그리고 이 힘을 얻은 자는 자기 마음의 주인이 된다. 그는 운명적으로 자기가 원하는 것을 얻게 된다. 이 힘은 겉모습의 뒤에 숨어 있는 근본 사실을 깨달음으로써 얻어질 수 있다. 생각하는 물질이 있고 그것으로부터 만물이 만들어진다는 사실이다.

그 사실을 깨달은 다음, 이 물질 안에 들어 있는 모든 생각이 하나의 형태를 이룬다는 것, 인간은 그 물질에 자기 생각을 찍어 형태를 이룬다는 것, 그 물질에 인간은 자기 생각의 형태를 만들고 그것이 눈에 보이는 사물이 된다는 사실을 명심해야 하다.

그런 다음에는 자기 의지대로 창조할 수 있다는 것을 알기 때문에 모든 의심과 두려움이 없어진다. 갖고자 하는 것을 가질 수 있고 되고자 하는 것이 될 수 있다. 부자가 되는 첫 번째 단계로는 앞서 제시된 세 가지 기본 전제를 믿어야 한다.

다시 한 번 정리를 해보자.

○ 생각하는 물질이 있다. 그것은 만물의 근원이며 우주의 모든 공간을 침투해 스며들고 우주를 가득 채운다.

● 이 물질 내에 있는 사고는 생각에 의해 형상화된 것을 생산해 낸다.

○ 인간은 머릿속으로 어떤 것의 형태를 만들어낼 수 있다. 무형 물질 위에 자신이 생각한 형태를 그려냄으로써 그것을 창조할 수 있다.

이외의 다른 생각은 모두 제쳐 두어야 한다. 이 개념이 자신의 마음속에 자리를 잡고 습관이 될 때까지 되뇌어야 한다.

한 마디 한 마디를 머릿속에 외우고 그 말을 믿을 때까지 숙고한다. 의심이 고개를 들면 죄악인 양 던져 버려라. 이 생각에 반대하는 자의 말은 듣지 말라. 이 생각에 반대되는 개념의 강의를 듣지 말고, 그런 설교를 하는 교회에 가지 말라.

잡지나 책도 마찬가지로 이와 다른 생각을 가르치려 드는 것이면 읽지 말라. 신념이 흔들리면 모든 노력이 물거품으로 변할 것이다. 이 주장이 사실인지 묻지 말라. 그것이 어떻게 진실이 될 수 있는지도 생각하지 말라. 단순히 받아들이고 믿으라.

부자가 되는 법은 이 믿음을 절대적으로 받아들이는 것으로부터 시작된다.

이 물질 안에 들어 있는 모든 생각이 하나의 형태를 이룬다는 것, 인간은 그 물질에 자기 생각을 그려 형태를 이룬다는 것, 그 물질에 인간은 자기 생각의 형태를 만들고 그것이 눈에 보이는 사물이 된다는 사실을 명심해야 한다.

성공의 비결은 딱 한 가지뿐이다. 바로 생각하고 즉시 실천하는 일이다. 생각할 줄 모르는 사람은 결코 지혜의 보물창고를 열 수 없다. 생각하기 싫어하는 사람은 결코 창의력과 상상력이 가져다주는 즐거움을 느낄 수 없다.

사람은 하나를 보면 열을 알 수 있다. 당신이 얼마나 신중하게 생각하고 적극적으로 실천하느냐에 따라 성공의 승패가 갈린다. 바로 생각하고 실천하는 생활 태도는 당신 인생의 성공을 저울질할 것이다.

chapter

05

생명의 진정한 욕구를 충족하라

Increasing Life

Chapter 05
생명의 진정한 욕구를 충족하라
Increasing Life

가난하게 사는 것이 하나님의 의지나 빈곤 속에서 평생 헤어나지 못하는 것이 하나님의 의도라는 옛 생각은 지워버려야 한다.

모든 만물 속에 살아 있는 근원 물질은 우리 안에 살고 있다. 그것은 의식을 지닌 생물이다. 의식을 지닌 생물이 되기 위해서는 지능을 가진 모든 생물에 내재된 생명의 진보라는 욕구를 가져야 한다.

모든 생물은 생명의 진보를 지속적으로 추구한다. 생명은 산다는 단순한 행위만으로도 스스로 진보하기 때문이다. 땅에 떨어진 하나의 씨앗은 싹을 틔우고 살아가는 행위 속에서 수많은 생명을 생산한다. 생명은 살아가면서 계속 자손을 남기고 사라진다. 생명은 영원히 존재하기 위해서 그 일을 계속할 수밖에 없다.

지능 역시 같은 필요성에 의해 계속 증가를 한다. 생각하는 모든 사고는 또 다른 사고를 일으킨다. 의식은 계속 증가한다. 배워서 얻은 모든 사실은 또 다른 사실을 배우도록 한다.

지식은 계속 증가한다. 재능은 또 다른 재능을 키울 욕망을 가져온다. 우리는 삶의 충동에 지배받는다. 이 충동을 발현하기 위해서 지식을 더 쌓고 더 많은 행위를 하며 더 나은 무언가가 되려고 한다. 더 많은 지식을 쌓고 더 많은 경험을 쌓고 더 나은 존재가 되기 위해서는 가진 것이 많아야 한다. 물질을 사용함으로써 그것이 가능하기 때문에 소유해야 한다.

더 나은 삶을 살기 위해서는 부자가 되어야 한다. 부에 대한 욕망은 충만함을 추구하는 생명이 가진 능력일 뿐이다. 모든 욕망은 발현되지 않은 가능성이 표현되려는 노력이다. 그것은 자신을 나타내기 위한 힘이고, 그것이 욕망을 불러일으킨다. 더 많은 돈을 원하도록 만드는 것은 식물을 자라게 하는 힘과 같다. 바로 그것이 더 충만한 발현을 찾는 생명력이다.

생명이 있는 것은 항상 이 법칙에 따르도록 되어 있다. 그것은 스스로를 발전시키려는 욕망으로 가득 차 있다. 따라서 물질을 만들어낼 필요를 느낀다. 우리 안에 있는 이 물질은 삶의 발전을 원하고 그렇기 때문에 사용 범위 내에 있는 모든 물건을 소유하고자 한다.

인간이 부자가 되어야 함은 하나님의 욕망이다. 인간이 풍족해야만 그들을 통해 자신을 더 잘 표현할 수 있기 때문에 하나님은 인간이 부를 누리기를 원한다.

우주는 우리가 갖고자 하는 모든 것을 갖기를 바란다. 자연은 우리의 계획에 우호적이다. 부자연스런 것은 아무 것도 없다. 이것이 사실이라는 것을 명심하라.

그러나 자신의 목적이 만물의 목적과 조화를 이루어야 한다는 것을 잊으면 안 된다. 단순한 쾌락이나 감각의 자극이 아닌 진정한 삶을 원해야 한다. 삶은 기능의 실행이다. 개개인은 모든 기능, 즉 육체, 정신, 영혼의 기능을 능력껏 수행할 때 진정한 삶을 사는 것이다.

육체의 쾌락을 추구하는 삶을 살기 위해 부자가 되려 하지는 않을 것이다. 모든 육체 기능의 수행은 삶의 일부이기 때문에 정상이고 건강한 육체적 표현의 충동을 거부하고 완전한 삶을 살 수 없다.

정신의 즐거움만을 누리기 위해 부자가 되려하지는 않을 것이다. 지식을 얻고 야망을 채우고 남들보다 뛰어나 유명해지는 그 모든 것은 삶의 정당한 일부이다. 지적 쾌락만을 위해 사는 사람은 부분의 삶을 살 뿐이다. 결코 온전한 만족감을 누릴 수 없다.

오직 베푸는 삶을 살기 위해 부자가 되려 하지는 않을 것이다. 인류의 구원과 박애 및 희생의 기쁨만을 위해 자신을 내팽개치는 것은 옳지 않다. 영혼의 기쁨 역시 삶의 일부일 뿐이다. 삶의 다른 부분보다 더 나을 것도 고귀한 것도 없다.

우리는 배가 고프면 먹고, 목이 마르면 마시고, 때가 되면 결혼하기 위해, 부자가 되기를 원한다. 아름다운 물건으로 주위를 채우고 먼 나라로 여행하고 마음의 양식을 얻고 지능을 발전시키기 위해 부자가 되려 한다. 사람은 사랑을 하고 선행을 베풀며 진실을 찾기 위한 일에 힘이 되고자 부자가 되려 한다. 그리고 극도의 이타주의는 극도의 이기주의보다 더 나을 것도 고귀할 것도 없다는 사실을 기억하라. 두 가지 모두 잘못된 것이다.

자신을 희생해서라도 남을 돕는 것이 하나님을 기쁘게 하는 일이라 생각하지 말라. 그것으로 하나님의 은총을 얻는다고 생각하지 말라. 하나님은 그런 일을 요구하지 않는다.

하나님이 원하는 것은 인간이 최상의 실현을 하는 것이다. 그것은 자신뿐만 아니라 타인을 위하는 길이기도 하다. 또한 최상의 실현을 하는 것이 다른 무엇보다도 타인을 돕는 길이다. 오직 당신은 부자가 됨으로써 최상의 실현을 할 수 있다.

따라서 부를 얻기 위한 노력을 일생일대의 목표로 삼는 것은 당연한 일이다. 물질에 대한 욕망이 모두를 위한 것이라는 사실을 명심하라. 욕망의 움직임은 모두를 나은 삶으로 이끄는 것이어야지, 누군가에게 피해를 주는 것이어서는 안 된다. 물질에 대한 욕망은 만물과 만인을 위한 부와 삶의 추구이기 때문이다.

지능을 가진 물질은 당신을 위한 물건을 만들어내는 것이지, 다른 사람의 것을 당신이 뺏는 것이 아니다. 경쟁한다는 생각을 없애야 한다. 경쟁하지 말고 창조해야 한다. 남의 것을 뺏을 필요는 없다. 애써 흥정할 필요도 없다. 사기를 치거나 이익을 취할 필요도 없다. 보수를 적게 주면서 일을 시킬 필요도 없다. 남의 재산을 탐내거나 부러운 눈으로 바라볼 필요도 없다. 그가 가진 것 중 당신이 가질 수 없는 것은 없다. 그가 갖고 있는 것을 빼앗지 않고도 당신이 그것을 가질 수 있다.

경쟁자가 아니라 창조자가 되어야 한다. 갖고자 하는 것을 갖되 그것을 가질 때에 다른 사람이 현재보다 많은 것을 가질 수 있는 방식으로 가져야 한다.

앞서 말한 것과는 완전히 반대되는 과정으로 막대한 돈을 모은 사람이 있다는 사실을 안다. 경쟁에 관한 한 뛰어난 능력을 발휘해 큰 부자가 된 사람이 그들이다.

그러나 때로는 산업의 성장처럼 그들도 무의식으로 인류 발전 운동에 물질로서 조화를 이루었다. 록펠러, 카네기, 모건 등은 자신도 모르게 초월적 힘을 대신해 생산업의 체계화 및 조직화를 이루어낸 사람들이다. 그들이 이루어낸 생산 체계화에 뒤이어 나타난 것은 유통업이다. 여기에서 카네기와 관계된 일화를 살펴보자.

비가 많이 내리는 어느 날, 여러 가구점이 모여 있는 거리에서 할머니 한 분이 여기저기 주위를 살펴보고 있었다. 그 할머니에게 아무도 신경 쓰지 않고 있었다. 그때 한 젊은 가구점 주인이 할머니에게 친절을 베풀었다.

할머니는 가구점 주인의 친절에 고마워하며 안으로 들어가 소파에 앉아 차를 기다렸다. 가구점 주인은 차가 와서 할머니를 태워갈 때까지 계속 친절을 베풀었다.

그 일이 있은 며칠 후 가구점 주인은 누군가로부터 편지 한 통을 받았다.

'비 오는 날 저희 어머니께 베풀어 주신 당신의 친절에 감사드립니다. 이제부터 우리 회사에 필요한 가구 일체를 당신에게 의뢰하며, 또한 고향인 스코틀랜드에 큰 집을 짓는데 그곳에 필요한 가구도 모두 당신에게 의뢰하겠습니다.'

이 편지는 놀랍게도 당시 '철강왕'으로 불리던 앤드류 카네기에게서 온 편지였다. 이후 그 가구점 주인은 피츠버그에서 가장 성공한 가구점 주인이 되었다. 어떻든 부자가 되는 길은 그냥 주어진 것은 아니다.

억만장자는 선사시대에 살았던 공룡과 같다. 그들은 진화 과정의 필수 부분을 담당하지만 그들을 생산해 냈던 바로 그 힘에 의해 죽음을 맞이한 것이다. 그들이 진실로 부자인 적은 한 번도 없었다는 사실을 잘 기억해야 한다.

그 부류에 속했던 사람들의 개인 삶의 기록을 보면 처음에는 대단히 가난한 생활을 했었다는 것을 알 수 있다. 경쟁으로 모은 부에는 만족할 수도 없고 부 자체가 영원할 수도 없다. 오늘은 내 것이지만 내일이면 다른 사람의 것이 될 수도 있다. 특정한 법칙에 의해 과학적으로 부를 이루기 위해서는 경쟁을 해야 한다는 생각에서 완전히 벗어나야 한다.

공급이 제한되어 있다는 생각을 잠시라도 해서는 안 된다. 돈이 한쪽으로 몰리고 은행가 등에 의해 조절되므로 이 과정에 개입해 돈을 모아야겠다고 생각하는 순간 경쟁심 속에 빠져들게 된다. 그렇게 되면 창조를 해야 할 힘이 일시적으로 사라지는 것에 그치지 않고 이미 간직하고 있던 창조적 생각마저 멈추게 된다.

땅 속에는 수백억 달러의 값어치에 달하는 금광이 아직 남아 있다. 만약 금광이 없다면 우리가 필요로 하는 자원이 무형 물질로부터 창조될 것이다. 필요로 하는 돈이 생길 것이다. 새 금광의 발견을 위해 1,000명의 사람이 필요하다고 해도 원하면 이루어질 것이다. 가시적인 공급에 눈을 돌리지 말고 무형 물질의 제한 없는 부를 주목해야 한다. 그것을 빨리 받아들여 사용할수록 빨리 다가온다는 사실을 알아야 한다.

누군가가 모든 것을 독점할 것이라는 생각은 가시적인 것만 보기 때문에 생기는 것이다. 집 지을 준비를 하기도 전에 최고의 건물을 지을 수 있는 장소를 모두 빼앗길 것이라는 생각은 한 순간도 하지 말아야 한다. 기업 연합이나 어떤 조직이 지구 전체를 소유할 것이라는 두려움에 떨 필요도 없다.

다른 사람에게 밀려 자신이 원하는 것을 잃을 수도 있다는 생각은 쓸데없다. 그런 일은 일어나지 않는다. 다른 사람이 소유한 것을 얻고자 하는 것이 아니라 무형 물질로부터 창조된 것을 얻고자 함이기 때문이다. 공급은 무한하다. 다음 문구를 명심하라.

○ 생각하는 물질이 있다. 그것은 만물의 근원이며 우주의 모

든 공간을 침투해 스며들고 우주를 가득 채운다.

● 이 물질 내에 있는 사고는 생각에 의해 형상화된 것을 생산해 낸다.

○ 인간은 머릿속으로 어떤 것의 형태를 만들어 낼 수 있다. 무형 물질 위에 자신이 생각한 형태를 그려냄으로써 그것을 창조할 수 있다.

● 이를 위해서는 경쟁적 자세가 창조적 자세로 바뀌어야 한다. 자신이 원하는 것의 선명한 그림을 형성해야 한다. 그것을 손에 넣기 위해서는 확고한 목적의식과 함께 이 그림을 머릿속에 간직해야 하며 그것을 얻겠다는 신념을 지녀야 한다.

○ 동시에 목적의식에 영향을 주거나 영상을 흐리거나 신념을 꺾을 만한 모든 것에 굳게 마음을 닫아야 한다.

더 나은 삶을 살기 위해서는 부자가 되어야 한다. 부에 대한 욕망은 충만함을 추구하는 생명이 가진 능력일 뿐이다. 모든 욕망은 발현되지 않을 가능성이 표현되려는 노력이다.

그것은 자신을 나타내기 위한 힘이고, 그것이 욕망을 불러일으킨다. 더 많은 돈을 원하도록 만드는 것은 식물을 자라게 하는 힘과 같다. 바로 그것이 더 충만한 발현을 찾는 생명력이다.

Chapter

06

부는 창조하는 것이다

How Riches Come to You

부는 창조하는 것이다

How Riches Come to You

앞서 애써 흥정할 필요가 없다는 말을 했다. 그것은 전혀 흥정할 필요가 없다거나 다른 사람과 거래할 필요가 없다는 뜻은 아니다. 단지 그들과 불공정한 거래를 할 필요가 없다는 뜻이다. 아무것도 주지 않고 받을 필요는 없다. 받는 것보다 많은 것을 모든 이들에게 줄 수 있다. 가져오는 것보다 많은 현금 가치를 상대에게 줄 수는 없다. 그 사물의 현금 가치보다 많은 사용 가치를 그에게 줄 수는 있다.

이 책을 만드는 데에 쓰인 종이, 잉크 등은 책 가격보다 적은 가치를 지니고 있을 것이다. 이 책에 담긴 사상이 수천 달러를 벌게 해주었다. 이 책을 산 사람은 판매인과 거래에서 큰 이익을 본 것이다. 판매인은 적은 현금 가치를 받고 커다란 사용 가치를 제공한 것이다.

가치란 것도 상당히 획일적인 쪽으로 가고 있다. 물적 성장이 뒷받침하던 시절을 보내면서 우리들 의식 속에 더 많은 것, 더 큰 것, 더 높은 것에 대한 가치가 상당한 비중으로 자리 잡았다. 그래서 사람은 더 많은 돈과 재산, 조금 더 높은 지위를 향해서 불철주야 앞으로만 뛰는 것이다.

그리고 사람은 정작 그렇게 사는 것에 대해 크게 회의를 품지 않는다. 새삼스럽게 지금 행복하냐는 질문을 받으면 황당한 기분을 느끼게 된다.

문명화된 도시에서 수천 달러의 가치를 지닌 그림 한 점을 당신이 소유하고 있다고 가정해 보자. 당신은 그 그림을 배핀Baffin 만에 가져가 영업 능력을 발휘해 한 에스키모인을 설득하고 500달러의 값어치가 있는 모피와 교환한다. 그때 당신은 에스키모인과 부정한 거래를 한 것이다. 그 그림은 그에게 효용 가치가 전혀 없고 삶에 보탬이 되지 않기 때문이다.

그러나 그에게 50달러의 총을 한 자루 주고 모피와 교환했다고 가정해 보자. 그러면 그는 좋은 거래를 한 것이다. 그에게 총은 필요한 물건이다. 그것으로 모피와 식량을 더 많이 장만할 수 있기 때문이다. 총은 그의 삶의 여러 방면에 유익하고 그를 부자로 만들어 줄 것이다.

경쟁의 자세를 창조의 자세로 바꾸면 사업 거래를 매우 정확히 파악할 수 있다. 누군가와 거래를 했는데 삶을 증진시키는 측면에서 내가 그에게 준 것보다 그에게 받은 것이 많을 때에는 거래를 중단해야 한다. 거래할 때 누구에게도 손해를 입힐 필요가 없다. 사람에게 손해를 주는 사업에 참여하고 있다면 즉시 그곳에서 빠져나와야 한다. 상대에게 현금 가치보다 많은 사용 가치를 주어야 한다. 그렇게 하면 모든 거래를 통해 모든 이들의 삶을 윤택하게 만들 것이다.

당신 밑에서 일하는 직원이 있다면 월급으로 지불되는 현금 가치보다 많은 것을 그들로부터 얻어내야 한다. 단 사원이 일을 하면서 매일 조금씩 발전할 수 있도록, 진보의 원칙이 가득 찬 일터를 제공해야 한다. 이 책이 당신에게 주는 것을 일터에서 당신의 직원에게도 줄 수 있다. 모든 직원이 부를 향해 한 단계씩 올라갈 수 있게 사업을 운영하는 것이다. 그 기회를 잡지 않는 직원이 있다면 그것은 당신의 잘못이 아니다.

당신의 주위를 가득 채우고 있는 무형 물질로부터 부를 일구어 낸다고 해도 갑자기 부가 모습을 드러내어 눈앞에 펼쳐지는 일은 없다.

예를 들면, 재봉틀을 하나 갖고 싶다고 하자. 생각하는 물질에 재봉틀의 사고를 그리기 전에 재봉틀의 영상을 마음속에 뚜렷하게 새겨보는 것이 좋다. 재봉틀을 원한다면 그것이 만들어지고 있거나 나에게 오는 중이라고 가장 긍정의 마음으로 영상을 그린다. 사고가 형성되면 재봉틀이 다가온다는 확고한 절대 흔들리지 않는 신념을 지녀라. 그것을 갖게 되리라는 자신감 없이는 절대 생각하거나 말하지 말라. 이미 자신의 것인 양 권리를 주장하라.

인간의 마음을 지배하는 초월의 힘이 원하는 것을 당신에게 가져다 줄 것이다. 생각하는 물질이 만물에 내재되어 있고 교류하며 모든 것에 영향을 미칠 수 있다는 사실을 잠시라도 잊지 말라.

삶의 질을 증진시키고 행복을 추구하는 생각하는 물질의 욕망은 이미 만들어진 모든 재봉틀의 창조를 일으켰다. 앞으로도 수백만 대의 재봉틀을 만들어낼 것이다. 특정한 법칙에 따라 행동하며 의지와 신념을 갖고 활동하는 모든 곳에서 같은 일이 일어날 것이다. 당신은 분명히 재봉틀을 가질 수 있다.

자기 자신과 타인의 삶의 진보를 위해 쓰는 한 우리는 원하는 것을 무엇이든 가질 수 있다. 주저하지 말고 많이 요구하라.

"너에게 왕국을 내려주는 것은 너의 하나님의 기쁨이니라."

예수님은 이렇게 말했다.

근본 물질은 우리 안에서 가능한 한 풍족하게 살기를 원한다. 근본 물질은 가장 풍족한 삶을 살기 위해 쓰일 수 있는 모든 것을 우리가 소유하기를 원한다. 부를 소유하고픈 욕망이 더욱 완전한 발현을 위한 초월하는 힘의 욕망과 하나라는 사실을 강하게 의식하고 있으면 신념은 흔들리지 않는다.

한 번은 한 소년이 피아노 앞에 앉아 건반을 두드리며 맞지도 않은 음을 치고 있는 모습을 보았다. 소년은 슬픈 표정이었고 연주다운 연주를 하지 못하는 것에 화가 난 것 같았다. 내가 소년에게 왜 그렇게 슬픈 얼굴이냐고 물어보니 그가 대답했다.

"내 안에 있는 음악을 느낄 수 있지만 손이 잘 따라 주질 않아요."

소년의 마음속에 있는 음악은 모든 생명의 가능성을 담고 있는 근본 물질의 충동이다. 음악으로 이루어진 모든 것이 아이를 통해 발현될 길을 찾고 있는 것이다. 하나님은 인류를 통해서 일을 하고, 즐기려 한다. 그 분은 이렇게 말한다.

"나는 훌륭한 건물을 짓고, 거룩한 음악을 연주하고, 영광스러운 그림을 그릴 손을 원한다. 심부름을 갈 다리를 원하고, 아름다움을 볼 눈을 원하며, 거룩한 진리를 말하고 놀라운 노래 부르는 혀를 원한다."

가능한 모든 것이 인간을 통해 표현될 길을 찾고 있다. 하나님은 음악을 연주할 수 있는 이들이 필요한 악기를 갖길 원하고, 재능을 충분히 펼칠 수 있는 수단을 갖기를 원한다. 아름다움을 제대로 평가할 수 있는 이들이 주위를 아름답게 치장할 수 있기를 원한다.

진실을 구별해낼 수 있는 이들이 여행하고 관찰하고 기회를 갖기를 원한다.

옷을 잘 입을 줄 아는 이들이 예쁜 옷을 입기를, 미식가가 호사스런 음식을 만끽하기를 원한다. 하나님이 이 모든 것을 원하는 것은 그 역시 그런 것을 즐기고 감상하기 때문이다. 연주하고 노래하고 아름다움을 즐기며 진리를 주장하고 좋은 옷과 맛있는 음식을 먹고자 하는 이가 바로 하나님이다.

바울은 말했다.

"너희 안에서 행하시는 이는 하나님이시니 자기의 기쁘신 뜻을 위하여 너희로 소원을 두고 행하게 하시나니."

부를 향한 욕망은 피아노 앞에 앉아 있던 소년 안에서 표현할 방법을 찾던 하나님처럼 내 안에서 자기 자신을 표현하려 애쓰는 하나님이다. 많이 요구하기를 주저할 필요가 없다. 당신이 할 일은 하나님의 욕망에 초점을 맞추고 표현하는 것이다. 이는 대부분의 사람이 어려워하는 것이다.

많은 사람이 가난과 희생이 하나님에게 기쁨을 주는 것이라는 낡은 생각에 주저한다. 사람은 가난을 하나님의 의도 중 하나라고 보고 자연의 필수 요소라고 생각한다. 그들은 하나님이 일을 끝냈으며 만들 수 있는 것은 모두 만들었다는 생각을 갖는다.

대다수의 인간은 돌아다닐 만한 여유가 없으므로 한 곳에 머물러야 한다는 생각을 갖는다. 인간은 이 잘못된 생각에 지나치게 빠져 있어서 부를 달라고 요구하는 것에 부끄러움을 느낀다. 매우 평범한 능력, 다시 말해서 불편함만을 겨우 면할 정도 이상의 것을 원하지 않으려고 노력한다.

나는 한 학생에게 그가 원하는 물건의 선명한 그림을 마음속에 그리면 그 창조의 사고가 무형 물질에 모습을 그리는 것이라고 말해주었다. 그는 셋방에서 하루하루를 겨우 살아가는 매우 가난한 학생이었다. 그는 모든 부유함이 자기 것이라는 사실을 이해할 수 없었다. 그는 생각을 거듭한 끝에 침실에 깔 새 카펫과 추운 날씨에 집을 따뜻하게 해줄 무연탄 난로를 요구하겠다고 생각했다.

이 책에 적힌 가르침대로 따른 그는 몇 달 내에 그 물건을 갖게되었다. 그제야 그는 자신이 충분히 요구하지 않았다는 사실을 깨달았다. 그는 자기 집을 구석구석 돌면서 개선되어야 할 것을 생각했다. 그는 마음속으로 이 곳에 창문을 달고 저 곳에 방을 만들었다. 마침내 그의 마음속에 이상적인 집이 완전히 그려진 다음에야 그는 가구 배치를 계획했다. 그는 집의 전체 그림을 마음속에 담은 채 특정한 법칙에 따르고 원하는 방향으로 움직이기 시작했다. 이제 그는 그 집을 소유하게 되었고 마음속에 그린 영상에 따라 구조를 변경시켰다. 그는 계속 신념을 갖고 더 큰 일을 진행하고 있다. 신념에 따라 스스로 해낸 일이었다.

우리 모두 그와 같이 할 수 있다.

근본 물질은 우리 안에서 가능한 한 풍족하게 살기를 원한다. 근본 물질은 가장 풍족한 삶을 살기 위해 쓰일 수 있는 모든 것을 우리가 소유하기를 원한다. 부를 소유하고픈 욕망이 더욱 완전한 발현을 위한 초월하는 힘의 욕망과 하나라는 사실을 강하게 의식하고 있으면 신념은 흔들리지 않는다.

07

감사는 관계를 영속시키는 힘이다
Gratitude

Chapter 07

감사는 관계를 영속시키는 힘이다
Gratitude

앞 장을 읽은 독자는 부자가 되기 위한 첫 번째 단계가 무형 물질에 자신이 원하는 생각을 옮겨 담는 것임을 알았을 것이다. 그렇게 하기 위해서는 무형 물질과 조화로운 방식으로 관계를 맺는 것이 필수이다. 조화로운 관계를 돈독하게 하는 것은 매우 기본이고 극히 중요한 문제이기 때문에 따로 이 장에서 설명하고자 한다. 내 지시대로 따르기만 한다면 하나님과 완벽하게 합일되는 느낌을 가질 수 있으리라 확신한다.

정신의 조화와 조율의 전 과정은 한 마디로 요약될 수 있다. 바로 '감사'이다.

첫째, 모든 사물의 과정을 주관하는 '지능을 가진 근본 물질' 이 있다고 믿는다.

둘째, 자기가 원하는 모든 것을 이 물질이 준다고 믿는다.

셋째, 깊은 감사의 마음을 통해 이 물질과 자신을 연결한다.

다른 방법으로 삶을 살아가는 많은 사람이 감사하는 마음이 없어 가난을 극복하지 못하는 것을 많이 봐 왔다. 하나님으로부터 한 가지 선물을 받고 난 뒤에는 감사를 소홀히 해 하나님과 연결고리를 끊어버리는 것이다.

부의 원천에 다가갈수록 부를 얻기 더 쉬워진다. 항상 감사하는 삶은 하나님에게 감사하지 않는 삶보다 하나님과 가깝게 교류할 수 있기 때문이다.

행운이 다가올 때, 하나님에 대한 감사의 마음을 간직할수록 더 많이 생기고 다가오는 속도 역시 빨라진다.

그 이유는 간단하다. 감사하는 태도는 축복을 내리는 원천과 가까워지도록 마음을 이끌기 때문이다. 우주를 창조한 분과 자신의 마음을 조화로운 관계로 이끄는 것이 '감사하는 것'임은 틀림없는 사실이다.

이미 소유하고 있는 좋은 물건은 특정한 법칙에 의해 당신의 소유가 된 것이다.

감사는 사물이 오는 그 길을 따라 마음이 가도록 이끌어 준다. 또한 감사는 창조 자세와 밀착된 관계를 유지하도록 해주며 경쟁 자세를 멀리하도록 도와준다. 감사만이 하나님을 쳐다보도록 만들어 주고, 부의 공급이 제한적이라는 치명적인 잘못된 생각에 빠지지 않도록 해준다.

감사에는 법칙이 있다. 원하는 결과를 얻으려면 절대 이 법칙을 준수해야 한다. 감사의 법칙은 작용과 반작용이 항상 똑같이 존재하며 방향은 반대이다. 하나님을 향한 감사의 손길은 하나님에게 꼭 닿기 마련이며, 그에 대한 은혜도 꼭 돌아오게 되어 있다.

"하나님을 가깝게 끌어당기면 그 역시 당신을 가깝게 끌어당기실 겁니다."

이 말은 심리학으로 틀림없는 사실이다. 당신의 감사가 강하고 지속되면 무형 물질의 반응도 강해지고 지속되는 것이다. 예수님이 취한 감사의 태도를 주목하라.

예수님은 항상 이렇게 말했다.

"아버지, 저의 말을 들어주셔서 감사드리옵니다."

감사의 마음은 힘과 연결되어 있기 때문에 감사 없이는 많은 힘을 행사하지 못한다. 감사는 더 많은 축복을 위한 것일 뿐만 아니라 사물의 현재 모습에 만족하기 위한 것이다. 현재 모습에 불만스런 마음이 싹트기 시작하면 그 순간부터 당신은 실패한다.

마음이 평범하고 궁핍하고 미천한 것에 집중되면 그런 것의 형상을 만들어낸다. 그런 다음 그 형상이나 머릿속 이미지가 무형 물질에 전달된다. 따라서 평범하고 궁핍하고 미천한 것이 당신에게 다가오게 된다. 저급한 것에 마음을 허락하면 당신은 그것에 둘러싸여 저급한 사람이 된다.

한편 최상의 것에 마음을 돌리면 그것에 둘러싸이게 되고 당신은 최상의 사람이 된다. 마음속의 창조 힘은 우리가 집중하고 있는 것의 이미지로 우리의 모습을 만들어 낸다. 우리는 생각하는 물질이고 생각하는 물질은 언제나 그것이 생각하는 것의 형태를 취한다.

감사하는 마음은 최상의 것에 지속적으로 마음을 고정시킨다. 따라서 그 마음은 최상의 것이 되려는 경향이 있고 그 형태와 특성을 취한다. 따라서 최상의 것을 받게 될 것이다.

다른 사람에게 감사하는 마음을 잊어버리기 쉽다. 특히 일이 순조롭게 진행될 때나 성공을 거두었을 때에는 자신에게 재능이 있고 자신이 노력한 결과라는 자만에 빠지기 쉽다. 이런 자만이 몰락과 쇠퇴의 원인이 된다. 가난과 영원히 인연을 끊고 싶다면 다른 사람들 덕분에 자신이 존재하며 행복을 누릴 수 있다는 마음을 가져야 한다. 벼가 익을수록 고개를 숙이는 자세가 되어야 한다. 이런 자세만이 당신이 돈 보따리를 발견하도록 도와주는 것이다.

정신이든 물질이든 부가 찾아오는 모든 과정은 감사라는 한 마디로 요약할 수 있다. 당신이 감사하는 마음을 가지지 않는다면 풍요로운 삶을 누리기 어렵다.

또 한 가지, 신념은 감사로부터 태어난다.

감사하는 마음은 계속 행운을 기대하는 신념이 된다. 자기 자신의 마음에 대한 감사의 반작용이 신념을 생산한다. 감사하는 축복의 물결이 계속 밀려나와 신념을 증가시킨다. 감사를 모르는 사람은 신념을 오래 간직할 수 없다. 뒤에서 보겠지만 신념 없이는 창조의 방식에 의해 부자가 될 수 없다.

그래서 당신에게 다가오는 모든 행운에 감사하는 습관을 기르는 것이 꼭 필요하다. 다시 말해 항상 감사하라는 것이다. 또한 모든 것이 당신에게 영향을 미치니 감사하는 데 소홀하면 안 된다.

재벌이나 부호의 그릇된 행동이나 단점에 대해 생각함으로써 시간을 낭비하지 말라. 그들이 세상을 조직화했기 때문에 당신에게 기회가 생긴 것이다. 우리가 지금까지 받은 모든 것은 그들 덕분에 받은 것이다. 부패한 정치인에게 화내지 말라. 정치가가 없었다면 무정부 상태에 빠졌을 것이고, 기회는 엄청나게 줄어들었을 것이다.

현재의 정치 경제 상황으로 우리를 데려오기까지 하나님은 오랜 시간 동안 매우 참을성 있게 공을 들여왔다. 하나님은 옳은 방향으로 나아가려 한다. 그에게 재벌, 거물, 산업계의 지도자, 정치가는 아직 매우 필요한 존재이다. 우리가 부를 누리는 것도 그들이 만들어 놓은 통로를 통해서다. 그들에게 감사하라. 그 통로를 통해 무형 물질과 교감할 수 있는 것이고, 그 교감을 통해 원하는 것을 받게 되는 것이다.

감사는 사물이 오는 그 길을 따라 마음이 가도록 이끌어 준다. 또한 감사는 창조 자세를 유지하도록 해주며 경쟁 자세를 멀리하도록 도와준다. 감사만이 하나님을 쳐다보도록 만들어 주고, 부의 공급이 제한되어 있다는 잘못된 생각에 빠지지 않도록 해준다.

Chapter

08

마음의 부자가 물질의 부자가 된다
The Right to Be Rich

Chapter 08

마음의 부자가 물질의 부자가 된다.

The Right to Be Rich

6장으로 되돌아가서 원하는 집의 모습을 형상화한 남자의 이야기를 다시 읽어 보자.

부자가 되는 첫 번째 단계가 무엇인지 명확히 떠오를 것이다. 당신이 원하는 것의 명확하고 구체적인 그림을 머릿속에 그려 보라. 완전히 자기 것으로 만들기 전에는 하나의 생각으로 명확해지지 못한다.

무언가를 주려면 그것을 갖고 있어야 한다. 많은 사람이 자신이 하고 싶은 것, 갖고 싶은 것, 되고 싶은 것의 모호한 개념만을 갖고 있을 뿐이어서 무형 물질에 상을 찍어 내지 못한다. '좋은 일을 하기 위해' 부자가 되고 싶다는 생각을 하고 있다면 그것으로 충분하지 않다. 그런 바람은 누구나 갖고 있다.

자유롭게 여행하고 구경하고 오래 살고 싶다는 소망만으로는 불충분하다. 그런 바람은 역시 누구나 갖고 있는 것이다. 친구에게 전보를 보낼 때 알파벳순으로 글자를 보내고 친구가 스스로 글자를 조립해 읽으라고 하지는 않을 것이다. 사전에서 단어를 찾아내 무작위로 보내지도 않을 것이다. 무언가 의미를 담은 조리 있는 문장을 써서 보낼 것이다.

생각하는 물질에 소망을 찍어낼 때도 조리 있는 문장으로 그려야 한다. 그러려면 자신이 원하는 것을 확실히 알고 있어야 한다. 형태가 확실치 않은 소원이나 모호한 욕망을 보내면 창조 힘이 가동되지도 않고 부자가 될 수도 없다.

앞에 나왔던 그 사람이 자기 집을 돌아다녔던 것처럼 자신의 욕망을 돌아다녀 보라. 그래서 당신이 원하는 것을 보고 그것을 갖게 되었을 때 보고 있는 것처럼 마음속에 뚜렷한 그림을 그려

보라. 선원이 마음속에 자신이 가고자 하는 항구를 그리고 있듯이 마음속에도 명확한 그림을 항상 간직하고 있어야 한다. 항상 그곳으로 얼굴을 향하고 있어야 한다. 키를 잡은 선장이 나침반을 보는 것처럼 그 그림을 항상 보고 있어야 한다.

집중 훈련을 받는다거나 기도나 증언의 특별한 시간을 갖는다거나 침묵 속에 들어가거나 어떤 종류의 마술 기행을 실행할 필요는 없다. 필요한 것은 자신이 원하는 것을 알고 그것이 머릿속에 계속 머물 때까지 원하는 마음을 잃지 않는 것뿐이다.

쉬는 시간에 될 수 있는 대로 많이 생각하라. 자신이 진정으로 원하는 것을 형상화하는 데 훈련이 필요한 것이 아니라는 사실을 명심하라. 그것에 집중하는 데 특별한 노력이 필요하다면 그것은 당신이 진정으로 소중하게 생각하는 것이 아니라는 뜻이다.

부자가 되고자 하는 욕망이 강하지 않아 나침반의 바늘을 움직이는 자력처럼 목표에 집중하는 것이 힘들다면, 이 책에 쓰인 지침을 애써 실행할 필요가 없다. 여기서 제시하는 방법은 부자가 되고픈 욕망이 매우 강해 게으름과 안이함을 극복하려는 사람을 위한 것이다.

마음속에 그린 그림이 뚜렷하고 확고할수록 거기에 대해 생각하는 시간이 많아질 것이고 자신이 원하는 그림에 집중하기가 쉬워진다. 단순히 명확한 그림을 보는 것 말고도 필요한 게 더 있다. 그림을 보기만 한다면 공상가에 지나지 않고 그 일을 해내려는 힘이 없어지게 된다. 그 목표 뒤에는 그것이 이미 내 것이라는 불굴의 신념이 있어야 한다. 이미 그것이 가까운 곳에 있어서 움켜쥐기만 하면 된다고 생각해야 한다.

새 집이 물리적으로 생기기 전에 정신으로 그 집에 살고 있어야 한다. 마음의 왕국에서 원하는 것을 마음껏 즐기며 살아야 한다.

"무엇이든지 기도하고 구하는 것은 받은 줄로 믿으라. 그리하면 너희에게 그대로 되리라."

예수님의 말씀이다.

자신이 원하는 것이 실제로 있다고 생각하라. 그것의 주인이 되어 사용하라. 그것을 실제로 갖게 되었을 때 사용하는 것처럼 상상 속에서 그 물건을 사용하라. 그린 그림이 마음속에 뚜렷하게 나타날 때까지 생각하라. 그런 다음 그 그림 속에 들어 있는 모든 것의 주인이라는 태도를 지녀라. 실제로 자기 것이라는 강한 신념을 지녀야 한다.

정신의 주인의식을 굳게 지키고 그것이 사실이라는 생각에 일순간도 흔들림이 있어서는 안 된다.

그리고 감사에 대한 7장의 내용을 잊지 말라. 자신이 바라는 것이 형태를 취했을 때처럼 항상 감사하라. 상상 속에서만 소망한 것에 대해서도 하나님께 감사하는 인간은 진정으로 신념을 가진 사람이다. 그 사람은 부자가 될 것이다. 그 사람은 원하는 모든 것을 창조해 낼 것이다. 원하는 것에 대해 반복적으로 기도할 필요는 없다. 매일 하나님께 그것에 대해 졸라댈 필요도 없다.

우리가 할 일은 삶을 풍족하게 하는 우리의 욕망을 뚜렷한 모습으로 다듬고 이 욕망을 조리 있게 전체의 모습으로 정리하는 것이다. 그런 다음 우리가 원하는 것을 가져다 줄 의지와 힘을 지닌 무형 물질 위에 이 욕망을 그려야 한다. 무수한 욕망이 아니라, 흔들리지 않는 목적의식과 신념으로 뚜렷한 영상을 그리는 것이다.

기도에 대한 응답은 그것을 말할 때의 믿음에 따라 오는 것이 아니라 일할 때의 신념에 따라 온다. 자기가 바라는 것을 특별한 안식일에 말하고 평일에는 잊는다면 하나님의 마음에 영상을 그릴 수 없다. 다음 안식일이 올 때까지 기도하지 않는다면 아무리 독방에 들어가 기도를 한다고 해서 영상을 그릴 수 없다. 소리 내어 기도를 하는 것은 마음속의 영상을 명확히 하고 신념을 강화시켜 줄 수는 있겠지만 원하는 것을 가져다주는 것이 아니다.

부자가 되기 위해서는 기도의 시간이 필요한 것이 아니라 쉬지 않고 기도하는 것이 필요하다. 자신이 원하는 것을 견고한 형태로 만들어낸다는 목적을 지니고 또한 그것을 이루어낼 수 있다는 신념을 지니고 기도해야 한다. 다시 말해 비전을 굳게 간직해야 한다.

"기도하고 구하는 것은 받은 줄로 믿으라."

명확한 비전을 갖추었다면 이제 그것을 얻는 것이 문제이다. 형상을 이루었다면 하나님을 향해 경건한 마음으로 소리 내어 기도하라. 그 순간부터 우리가 요구한 것을 마음으로 받아야 한다. 새집에 살고, 좋은 옷을 입고, 자동차를 타고, 당당하게 더 멋진 여행을 계획한다.

실제로 주인이 된 것처럼 요구한 모든 것을 생각하고 말한다. 희망했던 환경과 재정 조건을 상상하고 바로 그 모습으로 살아간다. 공상에 그치면 안 된다는 것을 명심한다. 상상 속의 세계가 현실화된다는 믿음을 갖고 그것을 현실화하려는 목적을 기억하라. 과학자와 몽상가의 다른 점은 목적의식과 신념이 있느냐 없느냐라는 것이다. 이 사실을 깨달았다면 이제 의지의 올바른 쓰임새를 배워야 한다.

사람이 행운을 부르고, 행운이 행운을 부르고, 행운이 부를 부른다. 부와 성공은 마음이 부자인 사람을 좇는다. 부와 행운이 길가에서 어쩌다 줍는 물건이라고 생각하는 사람은 감사하는 마음도 주워서 집에 두고 있거나 아주 값이 나가지 않는 물건처럼 써버린다.

부도 성공도 사람이 몰고 오는 것이다. 자신이 그것을 몰고 오고 내 주위에 있는 사람이 그것을 몰아주는데 운이 좋지 않을 사람이 어디 있겠는가.

부자가 아니라도 자신과 사람들에게 감사하는 생활 속에 행복이 깃드는 것은 정한 이치인 것이다.

자신이 원하는 것이 실제로 있다고 생각하라. 그것의 주인이 되어 사용하라. 그것을 실제로 갖게 되었을 때 사용하는 것처럼 상상 속에서 그 물건을 사용하라. 그런 그림이 마음속에 뚜렷하게 나타날 때까지 생각하라. 그런 다음 그 그림 속에 들어 있는 모든 것의 주인이라는 태도를 지녀라. 실제로 자기 것이라는 강한 신념을 지녀야 한다.

Chapter

09

의지의 사용법

How to Use The Will

의지의 사용법

How to Use The Will

이 방법으로 부자가 되는 첫걸음을 위해서는 자기 자신 이외의 어떤 것에도 의지력을 적용하면 안 된다. 우리에게는 그럴 권리가 없다. 자신의 의지를 다른 사람에게 적용해, 자신이 원하는 방향으로 그들이 행동하기를 바라는 것은 옳지 않다.

정신으로 사람을 지배하려는 것은 물리적으로 억압하는 것만큼 극악무도한 짓이다. 물리적 힘으로 사람을 억압하는 것이 그들을 노예로 만드는 것이라면, 정신 수단으로 그들을 억압하는 것 역시 똑같은 결과를 만든다. 차이가 있다면 방법뿐이다. 물리적 힘으로 누군가의 물건을 빼앗는 것이 강탈이라면 정신적 힘으로 물건을 빼앗는 것 역시 강탈이다. 원칙에는 아무 차이가 없다.

부자가 되기 위해서 다른 누구에게도 어떤 식으로도 요구할 필요가 없다. 그렇게 할 필요성이 조금도 없다. 다른 사람에 대한 의지력의 사용은 자신의 목적이 좌절되는 결과만 가져올 뿐이다. 다른 사람을 위한 물질이 자신에게 오기를 바라며 의지를 적용시킬 필요는 없다. 그것은 하나님을 지배하려는 시도이고, 불손할 뿐만 아니라 어리석고 쓸모없는 일이다.

원하는 것을 달라고 하나님에게 강요할 필요는 없다. 의지력을 사용해 불경스러움을 누른다든지 고집스러운 반항의 힘을 굴복시킬 필요도 없다. 의지력을 사용하지 않아도 해가 떠오르는 것과 마찬가지로 좋은 것을 얻게 될 것이다. 생각하는 물질은 사이가 좋을 뿐만 아니라 우리가 얻고자 하는 것 이상을 주게 될 것이다.

부자가 되기 위해서는 자기 자신에게 의지력을 사용하기만 하면 된다. 어떤 생각과 행동을 해야 할지 알았다면, 자기 자신에게 국한된 옳은 일을 하기 위해서 의지력을 사용해야 한다. 그것이 원하는 것을 얻기 위한 의지의 올바른 사용법이다. 그렇게 해야만 자신을 옳은 길로 인도할 수 있다.

자기 자신에 국한된 의지력으로 특정 법칙에 따라 생각하고 행동하라. 의지, 사고, 마음이 자신을 벗어나 다른 사물이나 사람에게 향하지 않도록 하라. 자신의 마음을 집안에 두어야 한다. 집안에 있을 때 가장 많은 성과를 발휘한다.

자신이 원하는 것의 영상을 마음속에 정하고 신념과 목적의식을 갖고 그것을 지킨다. 마음이 옳은 길로 향하도록 의지력을 사용한다. 신념과 목적의식이 견고하고 오래될수록 부자가 되는 속도가 빨라진다. 무형 물질 위에 긍정의 모양만을 찍기 때문이다. 부정의 각인으로 긍정 모양의 효과를 감소시키지 말아야 한다. 무형 물질은 우리의 소망을 담은 그림을 받아들여 먼 거리로 어쩌면 전 우주로 보낸다. 이 각인이 넓게 퍼지면서 실현을 향해 움직이기 시작한다.

아직 생물, 무생물이 만들어지지 않은 사물까지 우리가 원하는 것으로 만들어지기 위해 모두 동요한다. 모든 힘이 그 방향으로 작동하기 시작한다. 여러 곳에 퍼져 있는 사람의 마음이 우리가 원하는 것을 만드는 데 필요한 일을 하기 위한 방향으로 움직인다. 무의식으로 우리를 위해 일한다.

그러나 처음부터 무형 물질에 부정의 형상을 그리면 이 모든 것이 소용없게 될 수도 있다. 목적의식과 신념이 우리를 향한 움직임을 시작하게 하는 힘인 만큼 의심이나 불신은 그것이 우리로부터 멀어지게 하는 힘을 지니고 있다. 이 사실을 이해하지 않고서는 부자가 되기 위한 정신과학의 사용을 시도하는 데에 있어 실패할 가능성이 크다. 의심과 두려움의 눈길을 보내는 매 순간마다, 걱정으로 보내는 매 시간마다 불신에 사로잡혀 있는 그때마다 근본 물질의 전 영역을 통해 흐름이 빠져나간다.

"믿는 자들에게만 약속이 이루어지리라."

이와 같이 예수님은 믿음의 중요성을 강조하여 말씀하셨다. 그 이유가 무엇인지 이제 알 수 있을 것이다. 믿음이 중요한 만큼 이런 자세를 굳게 지키는 것은 우리의 의무이다.

믿음은 관찰하고 생각한 사물에 의해 대부분 결정되므로 주의나 집중을 요구한다. 의지라는 수단에 의해 주의를 기울일 대상을 결정하게 되므로, 바로 이곳에서 의지의 효용성이 나온다는 것을 알아야 한다.

부자가 되고 싶다면 가난을 생각하지 말아야 한다. 반대되는 것을 생각함으로서 원하는 것을 얻을 수는 없다.

질병에 대해 생각함으로써 건강이 얻어지지 않는다. 죄에 대해 생각함으로써 정의가 바로 서는 것은 아니다. 따라서 가난을 연구하고 사고함으로써 부자가 되는 사람은 없다. 병리학으로서 의학은 질병을 오히려 증가시켰다. 빈곤을 연구하는 경제학은 세상을 비참하고 열악한 곳으로 만들었다.

가난에 대해 말하지 말라. 가난을 연구하지도 말고 그것에 대해 걱정하지도 말라. 그 원인이 무엇인지 고민하지도 말라. 당신은 그것과 아무 상관이 없다. 걱정해야 할 것은 그것의 치료이다.

자선봉사에 시간을 소비하지 말라. 모든 자선은 그들의 비참함을 지속시켜 줄 뿐이다. 도움을 요청하는데 귀를 막는 무자비한 사람이 되어야 한다는 뜻은 아니다. 전통 방법으로 가난을 없애려 해서는 안 된다는 것이다.

가난을 뒤로 하라. 가난과 관련된 모든 것을 뒤로 하고 목적을 성취하라. 가난의 그림을 마음속에 채우고 있으면 부자가 되는 데 구체적인 모습을 그려내는 것을 지속하기 힘들다.

빈민촌의 열악함이나 아동 노동력 착취 등을 주제로 한 책이나 글을 읽지 말라. 빈곤함과 고통의 어두운 영상으로 마음을 채우는 그 어떤 것도 읽지 말라. 그러한 사실을 안다고 해서 가난한 자를 도울 수 있는 것은 아니다. 열악한 환경에 대한 폭넓은 지식이 빈곤을 없애는 데 필요한 것은 아니다.

이렇게 한다고 해서 가난한 사람을 불행 속에 버려두는 것은 아니다. 빈곤은 그에 대해 연구하는 선한 사람이 많아짐으로서 해결되는 것이 아니라, 가난한 사람이 신념과 목적의식으로 부자가 되는 수가 증가함으로서 해결된다.

가난은 자선을 필요로 하지 않는다. 그들에게 영감이 필요하다. 자선은 그들을 비참함에서 구해주는 일 없이 **빵** 한 조각을 주거나 한두 시간 동안 자신의 처지를 잊도록 여흥을 줄 뿐이다.

그러나 영감은 그들이 비참함 속에서 스스로 일어나도록 만들어 준다. 가난한 자를 돕는 최선의 방법이다. 이 세상에서 빈곤이 자취를 감추는 유일한 길은 이 책의 가르침을 실천하는 사람의 숫자가 계속적으로 커지는 것이다.

부정한 정신자세를 가진 사람은 불행과 말썽을 끌어들인다. 사람이 삶을 몰고 가거나, 아니면 삶이 사람을 몰고 가거나 둘 중 하나이다. 누가 말이 되고 누가 기수가 될지는 당신의 정신자세가 결정한다. 사람이 말이 되었다면 어둠을 향해 달려가는 기수를 태우겠는가, 밝음을 향해 달려가는 기수를 태우겠는가. 사람의 마음가짐이 당신의 삶을 몰고 가는 것이라고 생각하라.

이 세상에 불가능한 일은 존재하지 않는다. 모든 일은 실현 가능하다. 현실에서 불가능한 일이 발생하는 이유는 불가능하다고 믿는 사람들이 존재하기 때문이다. 인생은 자기가 믿는 대로 전개된다는 사실을 잊지 말라.

이 책은 경쟁에 의해서가 아니라 창조에 의해서 부자가 된다는 가르침을 준다. 경쟁함으로써 부자가 된 사람은 자신이 올라온 사다리를 발로 차서 다른 사람이 올라오지 못하게 한다. 창조의 사고에 의해 부자가 된 사람은 수천 명을 위한 길을 열어 주고 그들에게 똑같은 일을 할 수 있다는 자신감을 준다.

가난을 동정하지 않고, 그것에 대한 말이나 생각을 하지 않고,

그것에 귀 기울이지 않는다고 해서 냉정한 사람이 되지는 않는다. 의지력을 사용해 가난을 마음속에서 털어내고, 당신이 원하는 그림을 뚜렷한 목적의식과 신념으로 마음속에 고정시켜야 한다.

부자기 되기 위해서는 자기 자신에게 의지력을 사용하기만 하면 된다. 어떤 생각과 행동을 해야 할지 알았다면, 자기 자신에게 국한된 옳은 일을 하기 위해서 의지력을 사용해야 한다. 그것이 원하는 것을 얻기 위한 의지의 올바른 사용이다. 그렇게 해야만 자신을 옳은 길로 인도할 수 있다.

긍정은 모든 성공의 부모다

Further Use of the will

Chapter 10
긍정은 모든 성공의 부모다
Further Use of the will

외면으로든 내면으로든 반대 그림에 계속 주의를 기울이면 부의 선명한 영상을 간직할 수 없다. 지난 시절 겪었던 재정 곤란을 사람들에게 말하지 말라. 그것은 아예 잊어라. 부모의 가난이나 초년 시절 겪었던 어려운 생활을 사람들에게 이야기하지 말라. 일시라도 자신을 빈곤층으로 분류하지 말라. 그것은 당신을 향해서 다가오는 사물의 움직임을 저지할 것이 틀림없다.

예수님이 말씀하셨다.

"죽은 사람의 장례는 죽은 사람이 치르도록 하여라."

가난과 관련된 모든 것을 완벽하게 뒤로 하라. 당신은 우주가 올바른 존재라는 이론을 받아들였고, 그것이 올바름에 당신의 모든 희망을 걸고 있다. 갈등에 눈길을 돌려 얻을 게 무엇이 있겠는가?

지구가 곧 종말을 맞는다는 소리에 귀 기울이지 말라. 헛소문을 퍼뜨리는 자와 비관론자는 세상이 악마의 손에 들어가 파괴된다고 말하지만 그것은 사실이 아니다. 세상은 하나님의 손에 있다. 아름답고 놀라운 세상이다.

불쾌한 일이 많이 일어나는 것은 사실이다. 이는 스쳐지나갈 분명한 것을 연구하는 것은 소용없는 일이다. 또한 그것을 연구하는 것은 불쾌한 일을 내보내지 않고 우리 곁에 남아 있게 할 뿐이다. 성장함에 따라 없어질 것에 관심을 기울여 시간을 낭비할 이유는 없다. 성장을 촉진시키는 것만이 그들의 제거를 앞당길 수 있다.

어느 나라, 어느 지역의 외견상 상황이 아무리 끔찍하다 해도 그것에 대한 고민은 우리 자신의 기회를 파괴하고 시간을 낭비하는 것이다. 부자가 되어가는 세상 속에서 자기 자신에게 관심을 기울여야 할 것이다. 이 세상에서 없어지게 될 빈곤 대신 곧 맞게 될 부에 대해 생각하라. 증가되는 부의 세상에서 소외되지 않는 유일한 길은 경쟁의 방법이 아닌 창조의 방법으로 스스로 부자가 되는 것이다.

빈곤을 무시하고 부에 온 관심을 쏟아라. 가난한 자와 이야기하거나 그들을 생각할 때 곧 부자가 될 이들이라 생각하고 이야기하라. 동정보다는 축하를 받아야 할 사람인 것처럼 생각하라. 그러면 그를 비롯한 여러 사람이 영감을 받고 가난을 헤쳐 나갈 길을 찾기 시작할 것이다.

진정한 부자가 되는 것은 인생에서 성취할 수 있는 가장 고귀한 목표이다. 그것이 다른 모든 것을 포함하기 때문이다.

경쟁하려는 자세를 지닌 사람의 투쟁은 다른 사람을 밟고 올라서려는 쟁탈전이다. 창조의 자세로 접근하면 모든 것이 달라진다. 부자가 되는 길에 위대함과 영혼이 펼쳐지고 봉사와 고귀한 노력이 있다. 그 모든 것이 물질을 사용함으로써 가능한 것이다.

부자가 되느냐의 여부에 따라 육체도 건강을 얻을 수도, 그렇지 못할 수도 있다. 재정의 어려움으로부터 탈출한 사람만이 기본 생존이 가능하고, 위생의 습관을 가진 사람만이 건강을 누리고 지속시킬 수 있다. 정신과 영혼의 위대함은 생존의 치열함을 넘어선 사람에게만 가능하다.

돈이 없어도 마치 있는 것처럼 행동하라. 작은 아파트에서 생활이 조금 쪼들린다고 하더라도 밖에 나가서는 부자처럼 생각하고 평사원이라도 사장처럼 생각하라.

경제의 체질을 강화하려면 당신의 마음속에 부유한 의식이 깃들어 있어야 한다. 그 일환으로 부자처럼 행동하기를 권한다.

부자가 된 기분을 맛보다 보면 점차 부유한 감정이 일고, 그것이 잠재의식에 입력되어 현실세계에서도 같은 현상이 일어난다.

창조의 사고로 부자가 되는 사람만이 저급한 경쟁으로부터 자유롭다. 평안한 몸에 깃든 마음은 아름다움을 추구하고 고차원의 사고를 하며 타락으로부터 자유롭다. 그 곳에서 최상의 사랑이 꽃핀다는 사실을 명심하라. 이곳은 경쟁 사고나 투쟁이 아닌 창조의 사고에 의해 부가 도달하는 곳이다.

반복하지만 부자가 되는 것만큼 위대하고 고귀한 목표는 없다.

마음을 부의 그림에 집중하고 방해하는 모든 것을 없애라. 모든 사물의 내면에 깔린 진실을 보는 법을 배워야 한다. 충만한 발현과 완전한 행복을 위해 그른 겉모습을 꿰뚫고 움직이는 위대한 생명을 보아야 한다.

가난 같은 것은 이 세상에 없다. 오직 부만이 존재할 뿐이다. 가난하게 사는 사람들 중 일부는 자신을 위한 부가 있다는 사실을 모르기 때문에 그 상태로 남아 있다. 내 자신이 풍요로워지는 것이 그들을 가장 효과 있게 가르치는 방법이다.

어떤 부류는 출구가 있다고 느끼면서도 정신이 나태해 그 길을 찾으려 하지 않는다. 그런 사람을 위한 최선의 길은 정당한 부가 다가왔을 때 느끼는 행복을 보여줌으로써 부에 대한 욕구를 일으키는 것이다. 또 다른 부류는 과학 개념을 갖고 있으면서도 극히 추상적이고 난해한 이론, 한번 들어가면 다시 빠져나오기 어려운 길에 갇혀 있어, 어느 길로 가야 할지 모르는 사람들이다. 여러 체계의 혼합을 시도하다가 모두 실패한다. 이들에게 가장 좋은 것은 실천에 의해 옳은 길을 보여주는 것이다. 한 가지 실천이 백 가지 이론보다 낫다.

세상을 위해 우리가 할 수 있는 최선의 일은 자기 자신을 최상으로 만드는 것이다. 나 스스로 부자가 되는 것보다 효과 있고 하나님과 인류에게 봉사하는 길은 없다. 단, 경쟁이 아닌 창조의 방법으로 부자가 되어야 한다.

또 한 가지 나는 이 책이 부자가 되는 법을 상세하게 기술했다고 주장한다. 이 주제에 관한 한 다른 책을 읽을 필요는 없다. 편협하고 자기중심적인 소리로 들릴지 모르겠다. 다른 방법은 가능하지 않다. 두 점 사이에 존재하는 가장 짧은 지름길은 하나일 수밖에 없다.

과학으로 사고하는 유일한 길은 목표로 향한 가장 직립이고 가장 단순한 방식을 찾는 것이다. 이 책에서 설명한 것보다 짧고 단순하게 체계를 갖춘 책은 지금까지 없었다. 이 방법을 시작하면 다른 것은 모두 제쳐 두어야 한다. 다른 방식은 모두 마음에서 지워 버려야 한다.

이 책을 매일 읽어라.

항상 몸에 지녀라.

외울 정도로 읽어라.

다른 체계나 이론은 생각지 말라.

이렇게 하지 않으면 의심이 침투하기 시작해 사고를 불안정하게 만든다. 그 순간 무형 물질에 부정의 사고가 침투하는 것이다.

훌륭하게 실천해 부자 된 후에 마음대로 다른 이론을 공부해도 좋다. 원하는 것을 얻었다고 자신 있게 말할 수 있을 때까지는 이 주제에 관한 한 이 책에 언급된 저자의 저서들 외에는 읽지 말라.

세계의 소식들 중, 당신이 그린 그림과 조화를 이루는 가장 일이 잘 될 것이라는 기사만을 읽어라. 초자연주의는 뒤로 미루어라. 심령술 따위는 관심을 기울이지 말라. 죽은 자가 아직 살아 있으며 우리 곁에 있다는 식의 이론일 경우가 많다. 그것이 사실이라 하더라도 신경 쓰지 말라.

죽은 자의 영혼이 어디에 있든 그들은 스스로 할 일이 있을 것이고 나름대로 해결할 문제가 있을 것이다. 그들을 간섭할 권리가 우리에겐 없다. 우리는 그들을 도울 수 없다. 그들이 우리를 도울 수 있는지 매우 의심스러울 뿐더러 그럴 수 있다 해도 우리에게 그들의 시간을 빼앗을 권리가 있는지 알 수 없다. 그들이 죽음의 세계에만 있도록 놔두어야 한다.

우리 자신의 문제 즉, 부자가 되는 것에 몰두하자. 초자연주의에 얽히기 시작하면 정신의 역류가 일어나 희망의 배가 난파되는 결과로 이어질 것이다.

지금까지 살펴본 내용을 다음과 같이 기본 사실로 정리해 보자.

○ 생각하는 물질이 있다. 그것은 만물의 근원이며 우주의 모든 공간을 침투해 스며들고 우주를 가득 채운다.

● 이 물질 내에 있는 사고는 생각에 의해 형상화된 것을 생산해 낸다.

○ 인간은 머릿속으로 어떤 것의 형태를 만들어낼 수 있다. 무형 물질 위에 자신이 생각한 형태를 만들어냄으로써 그것을 창조할 수 있다.

● 이를 위해서는 경쟁의 자세를 창조의 자세로 바꾸어야 한다. 자신이 원하는 것의 선명한 그림을 형성해야 한다. 그것을 손에 넣기 위해서는 확고한 목적의식과 함께 이 그림을 머릿속에 간직해야 하며 그것을 얻겠다는 신념을 지녀야 한다.

○ 동시에 목적의식에 영향을 주거나 영상을 흐리거나 신념을 꺾을 만한 모든 것에 굳게 마음을 닫아야 한다.

마음을 부에 집중하고 방해하는 모든 것을 없애라. 모든 사물의 내면에 깔린 진실을 보는 법을 배워야 한다. 충만한 발현과 완전한 행복을 위해 그른 겉모습을 꿰뚫고 움직이는 위대한 생명을 보아야 한다.

11

확실한 방법에 따라 행동한다
Acting is the Certain Way

Chapter 11

확실한 방법에 따라 행동한다

Acting is the Certain Way

사고는 행위에 이르는 창조의 힘을 유발시키는 추진력이다. 특정한 방식의 사고는 부를 가져 오겠지만 행동하지 않고 사고에만 의존해서는 안 된다. 사고에만 의존하는 것은 많은 과학, 형이상학 사색가들이 사고와 행동의 연결에 실패해서 난파를 당했던 거와 같은 것이다.

인류는 자연의 생성 과정이나 수공업의 도움 없이 무형의 물질로부터 직접 사물을 만들어내는 단계까지 이르지 못했다. 따라서 인간은 사고와 동시에 행동을 해야 한다. 생각에 의해 산 속에 묻힌 금이 자신에게 다가오게 만들 수는 있다. 금이 스스로 광산을 만들고 세공하고 동전을 찍어 당신의 주머니에 들어올 수는 없다. 하나님의 거센 추진력에 의해 금광이 당신에게 다가오도록 세상 일이 만들어질 것이다.

누군가의 비즈니스 거래로 금이 당신에게 전달될 수도 있다. 당신은 자신의 사업을 조절해 그런 기회가 왔을 때 황금을 받아야 한다. 당신의 사고는 모든 것에 생명을 불어넣기도 하고 활력을 빼앗기도 하며 원하는 것을 가져오기도 한다. 행동을 해야만 원하는 것이 왔을 때 정확하게 받을 수 있다.

그것을 거저 받아서도 훔쳐서도 안 된다. 다른 사람들이 현금 가치로 지불하는 것보다 많은 사용 가치를 주어야 하는 것이다.

사고의 과학적 사용은 세 가지로 구성되어 있다. 하나는 원하는 뚜렷한 영상 형성이고, 또 하나는 그것을 얻겠다는 단단한 의지이며, 마지막은 감사하는 마음과 신념을 통해 그것을 얻을 수 있다는 깨달음이다.

신비주의나 초자연주의의 방식으로 이 깨달음을 계획하지 말

라. 시간 낭비일 뿐만 아니라 신성한 생각의 힘을 약화시킨다.

부자가 되기 위한 사고의 작용에 대해서는 충분히 설명했다. 목적의식과 신념으로 생명의 욕구를 지닌 무형 물질에 영상을 그려야 한다. 이 영상은 모든 창조력을 작동시키고 행위의 질서 있는 통로를 통해 우리에게 다가온다. 창조 과정을 인도하거나 감독하는 것은 우리가 할 일이 아니다. 할 일은 영상을 간직하고 흔들리지 않는 목적의식과 신념을 지니고 감사를 잊지 않는 것이다.

그러나 원했던 것이 다가왔을 때 자기 것으로 만들기 위해서, 영상 속에 있는 것을 받아들이고 적절한 장소에 배치하기 위해서 특정한 방식의 행동이 필요하다. 원하는 물건을 소유한 사람이 그것과 동등한 가치를 지닌 것을 내게 요구할 때가 바로 물건이 다가올 때이다. 그에게 그의 소유인 것을 줌으로써 내 소유인 그것을 얻을 수 있다.

노력이 없으면 지갑을 돈으로 가득 채울 수 없다. 받는 행위는 부자가 되는 법의 매우 중요한 포인트이다. 바로 그곳에서 사고와 행위가 결합되어야 한다.

의식으로든 무의식으로든 많은 사람이 힘과 끈질긴 욕망으로 창조력을 가동시킨다. 원하는 것이 다가올 때 받기에 상응하는 무언가를 제공하지 않기 때문에 그들은 계속 가난하다.

사고에 의해 원하는 것이 나에게 온다. 행위에 의해 그것을 받는다. 이제 어떤 행위가 되었든 그것이 있어야 하는 것은 자명하다. 과거에 의해 행동할 수는 없다. 마음속에서 과거를 몰아내고 정신 영상을 맑게 하는 것이 중요하다.

아직 미래는 오지 않았기 때문에 미래에 의해 행동할 수는 없다. 어떤 일이 생기기 전에는 미래의 사건에 대해 어떠한 행동을 취하고 싶은지 말할 수 없다.

자신에게 맞는 사업이나 환경 속에 있지 않기 때문에 그렇게 될 때까지 행위를 미루어야 한다고는 생각하지 말라. 그리고 앞으로 일어날지도 모를 위급 상황에 대비해 미리 계획을 세우느라 시간을 낭비하지 말라. 어느 상황이 닥치더라도 대응할 능력이 있다는 신념을 가져라.

앞으로 일어날 일에 마음을 쓰면서 현재의 행동을 한다면 마음과 합일된 것이 아니기 때문에 효과적이지 않다. 현재의 행동에 온 신경을 집중하라.

창조의 충동을 근본 물질에 던지고 나서 가만히 앉아 결과를 기다리지 말라. 그러면 절대 결과를 얻을 수 없다. 지금 행동하라. 다른 시간은 없다. 오직 지금뿐이다. 원하는 것을 받기 위한 준비를 시작해야 한다면 바로 지금이 그때이다.

행동은 현재의 사업이나 직장에서 이루어져야 하며 현재 주변에 있는 사람이나 사물에 행해져야 한다. 자신이 있지 않은 곳에서 행동할 수는 없다. 전에 있었던 곳에서 행동하거나 앞으로 있을 곳에서 행동할 수는 없다. 오직 현재 있는 곳에서 행동할 수 있다.

지나간 일의 잘잘못을 따지지 말고 오늘 일을 잘하라. 내일 할 일을 오늘 하려고 하지 말라. 내일이 오면 그 일을 할 충분한 시간이 있을 것이다. 자신의 손이 미치지 않는 곳에 있는 사람이나 사물에 대한 행동을 위해 신비주의나 초자연주의의 수단을 쓰려고 하지 말라.

행동하기 전에 환경이 바뀌기를 기다리지 말라. 행동을 통해 환경이 바뀌게 하라. 현재의 환경 속에서 행동하는 것이 발전된 환경으로 자신을 이동시켜 준다. 발전된 환경 속의 자신의 영상을 신념과 목적의식을 갖고 지키되 전심전력으로 현재의 환경 속에서 행동하라.

잠시라도 몽상하지 말라. 원하는 하나의 영상을 간직하고 지금 행동하라. 부자가 되는 첫걸음을 떼기 위해 새롭고 독특하고 눈에 띄는 행동을 하려 하지 말라. 시간이 지나면 십중팔구 전과 똑같이 행동하게 될 것이다. 지금은 당신을 분명히 부자로 만들어줄 특정한 법칙에 따라 행동하라.

지금 운영 중인 사업이 자신에게 맞지 않는다고 해서 맞는 사업이 나타날 때까지 기다리지 말라. 자신과 맞지 않는 자리에 있다는 이유로 의기소침하거나 슬퍼하며 가만히 있지 말라. 처음부터 자신에게 맞는 자리를 찾는 사람은 없다. 그리고 자신과 맞지 않는 사업을 오랫동안 했다고 해서 원하는 새로운 사업을 시작하지 말란 법은 없다.

확고한 목적의식과 신념을 갖고 자신에게 맞는 일의 영상을 간직하라. 행동은 현재의 사업 속에서 하라. 더 나은 사업을 이루는 수단으로 현재의 사업을 이용하라. 더 좋은 환경에 들어갈 수단으로 현재의 환경을 이용하라. 자신에게 맞는 사업의 영상이 목적의식과 신념으로 간직되어 있다면 초월적 힘이 그 사업을 당신에게 가져다 줄 것이다. 그리고 법칙에 따른 행위 덕분에 그쪽으로 다가갈 것이다.

당신이 어느 직장에 다니고 있는데 원하는 것을 얻기 위해 직장을 옮겨야 한다고 생각한다면, 허공에 사고를 투영시키거나 거기에 의존하지 말라. 실패할 확률이 높다. 원하는 자리에서 일하는 당신의 모습을 영상화시키고 현재의 자리에서 목적의식과 신념을 지니고 행동하라. 그러면 분명히 원하는 자리를 얻을 것이다. 당신의 영상과 신념은 원하는 것이 다가오도록 창조력을 가동시킨다. 당신의 행위는 현재의 환경 속에서 원하는 환경으로 밀어주는 힘을 유발시킨다.

사람이 지혜가 부족해서 일에 실패하는 경우는 드물다. 늘 사람에게 부족한 것은 성실이다. 성실하면 지혜도 생기지만 성실하지 못하면 있는 지혜도 사라진다. 성공하기 위해서 오래 인내하기보다는 눈부신 노력을 하는 편이 쉽다.

성공하는 데는 두 가지 길밖에 없다. 하나는 자신의 성실, 다른 하나는 타인의 어리석음이다.

장래에 어떤 모습으로 살아갈 것인가에 대한 확실한 꿈과 신념

을 가지고 매일 열심히 노력하는 태도는 정말 아름다운 것이다.

당신의 꿈과 신념, 하루하루의 노력과 행동이 삼위일체가 되었을 때, 당신의 인생은 당신이 바라는 방향으로 전개된다.

늘 생각하고 늘 실천하라. 사고와 실천이 결합되면 당신의 운명이 바뀐다. 실천이 따르지 않는 생각보다는 생각 없는 실천이 오히려 낫다.

마지막으로 기본원칙에 또 다른 원칙을 덧붙이겠다.

○ 생각하는 물질이 있다. 그것은 만물의 근원이며 우주의 모든 공간을 침투해 스며들고 우주를 가득 채운다.

● 이 물질 내에 있는 사고는 생각에 의해 형상화된 것을 생산해 낸다.

○ 인간은 머릿속으로 어떤 것의 형태를 만들어낼 수 있다. 무형 물질 위에 자신이 생각한 형태를 만들어냄으로써 그것을 창조할 수 있다.

● 이를 위해서는 경쟁의 자세가 창조의 자세로 바뀌어야 한다. 자신이 원하는 것의 선명한 그림을 형성해야 한다. 그것을 손에 넣기 위해서는 확고한 목적의식과 함께 이 그림을 머릿속에 간직해야 하며 그것을 얻겠다는 신념을 지녀야 한다.

○ 동시에 목적의식에 영향을 주거나 영상을 흐리거나 신념을 꺾을 만한 모든 것에 굳게 마음을 닫아야 한다.

● 원하는 것이 왔을 때 그것을 얻기 위해서는 주위의 사람과 사물에 영향을 미치는 행동을 반드시 곧바로 실행해야 한다.

목적의식과 신념으로 생명의 욕구를 지닌 무형 물질에 영상을 그려야 한다. 이 영상은 모든 창조력을 작동시키고 행위의 질서 있는 통로를 통해 우리에게 다가온다. 창조적 과정을 인도하거나 감독하는 것은 우리가 할 일이 아니다. 할 일은 영상을 간직하고 흔들리지 않는 목적의식과 신념을 지니고 감사하는 마음을 잊지 않는 것이다.

12

부자가 되기 위한 효과적인 행동

Efficient Action

Chapter 12

부자가 되기 위한 효과적인 행동

Efficient Action

사고의 사용은 앞서 설명한 대로 해야 한다.

현재 상태에서 행동은 할 수 있는 것으로 시작하고, 현재 상태에서 할 수 있는 모든 것을 해야 한다. 현재 자리에서 약간의 진보를 이룰 수 있을 것이다. 그 자리를 유지할 수 있는 작업을 전혀 하지 않은 채 더 나은 자리로 가는 사람은 없다. 현재의 자리를 단지 채우는 것에 끝나지 않고, 그 이상의 일을 하는 사람에 의해 세상은 발전한다.

자기의 자리에 충실한 사람이 한 명도 없다면 모든 것은 후퇴할 것이다. 현 위치에서 충실하지 않은 사람은 사회, 정부 경제에 짐을 더하는 것이다. 다른 사람이 큰 피해를 감수하고 그들을 끌고 나가야 한다.

세상이 더디게 발전하는 것은 오직 자신의 자리에서 충실하지 않은 사람들 때문이다. 그들은 낮은 발달 단계에 속해 있다. 그들의 태도는 퇴보를 향한 것이다. 각 개인이 자신의 직분에 충실하지 못하면 그 사회는 진보할 수 없다. 사회의 진보는 신체, 정신 발전 법칙에 의해 이끌어지기 때문이다.

동물 세계에서 진보는 과다한 생명력에 의해 일어난다. 하나의 생명체가 자신의 수준에서 표현되는 기능보다 많은 생명력을 가졌을 때 높은 수준의 기관이 발달하게 되고 새로운 종이 탄생한다.

자신의 자리를 채우는 것 이상의 기능을 수행하는 생명체가 없다면 새로운 종은 생겨나지 못할 것이다. 우리에게도 똑 같은 법칙이 적용된다. 부자가 되는 것은 이 원칙을 자신에게 적용하느냐의 여부에 달려 있다.

매일매일은 성공의 하루, 혹은 실패의 하루이다. 원하는 것을 얻는 날은 성공의 날이다. 날마다 실패가 계속된다면 절대 부자가 될 수 없다. 날마다 성공이 계속된다면 부자가 될 수밖에 없다. 오늘 해야 하는 일이 있는데 하지 않는다면 그 일에 관한 한 실패한 것이다. 결과는 생각보다 훨씬 심각해질 수 있다. 매우 사소한 행위라도 결과는 뜻밖에 커질 수 있다.

가동된 모든 힘이 어떤 식으로 작용할지 알 수 없기 때문이다. 단순한 행위 하나에 많은 것이 의존해 있을지도 모른다. 커다란 가능성을 향한 기회의 문이 바로 그 일인지도 모른다.

초월의 힘이 세상사와 인간사를 어떻게 만들고 조합하는지 모두 알 수는 없다. 작은 일의 무시나 실패가 원인이 되어 원하는 것을 늦게 얻는 결과가 생길 수도 있다. 날마다 같이, 그날 할 수 있는 일은 모두 하라.

그러나 여기에도 고려해야 할 한계와 조건이 있다. 최단 시간 내에 많은 양의 일을 하기 위해 과다하게 일을 해서는 안 된다. 내일 일을 오늘 하거나 일주일 동안 할 일을 하루에 해치워서는 안 된다. 중요한 것은 일의 양이 아니라 각 행위의 효율성이다.

모든 행위는 효율과 비효율로 나뉜다. 모든 비효율 행위는 실패이기 때문에 평생 하면 할수록 좋지 않은 결과만 가져다준다.

한편 모든 효율 행위는 성공이기 때문에 평생 계속 한다면 그 인생은 틀림없이 성공한다. 실패의 원인은 비효율 태도로 많은 일을 하고, 효율적인 일은 충분히 하지 않아서이다. 비효율 행위를 조금도 하지 않고 효율의 행위를 충분히 한다면 부자가 된다.

이것은 논리의 명제다. 각 행위를 효율로 하는 것이 가능하다면 부자가 될 수 있다는 것이다. 부자가 되는 법이 수학 같은 정밀과학의 범위 안에 들어간다는 것을 이것으로 다시 한 번 확인할 수 있다.

이제 문제는 각 행위를 성공으로 만들 수 있느냐의 여부이다. 답은 분명히 할 수 있다는 것이다. 창조주는 우리와 함께 있고 그는 실패할 수 없기 때문에 우리는 각 행위를 성공 할 수 있다. 초월의 힘은 우리 마음대로 쓸 수 있다. 각각의 행동을 효과 있게 만들기 위해서는 자신의 의지력에 맡기면 된다.

모든 행동은 강하거나 약하거나 둘 중 하나이다. 모든 행동이 강하면 부자로 만들어줄 특정한 방식으로 행동하는 것이다. 모든 행동이 강하고 효율이 있기 위해서는 행동을 하는 동안 자신이 만든 영상을 놓치지 말아야 한다.

그러기 위해서는 목적의식과 신념을 잊지 말아야 한다. 정신력과 행위를 합일시키지 못한 사람은 실패한다. 같은 시간, 같은 장소에 정신력과 행동이 함께 있지 못한 것이다. 따라서 그의 행동은 그 자체로 성공적이지 않았고 비효율이 너무 많았다. 모든 행위에 초월의 힘을 동반시키면 자체로 성공한 행위가 된다. 모든 성공은 다른 성공으로 길을 열어 준다.

자신이 원하는 것을 향한 진보와 움직임은 계속해서 빨라지게 된다. 성공의 행위는 결과에 누적된다는 사실을 잊지 마라. 누군가 더 충만한 삶으로 움직이기 시작하면 더 많은 물질이 그에게 다가오고 욕구의 영향력은 배가 된다. 삶의 욕구가 만물에 내재된 이유이다.

아직까지 체험해보지 못한 직종에 발을 들여놓기 위해서는 많은 용기가 필요하다. 그래도 처음부터 할 수 없다거나 불가능하다고 판단하는 것은 지나치게 소심한 생활태도이다. 누구나 처음에는 불안을 느끼며, 정확한 확신을 가질 수는 없다. 하지만 도전하고 노력하는 동안에 지혜가 생기고 여러 가지의 대처 방법이 떠오르고, 그 결과 어려운 문제나 불가능하다고 생각되었던 일도 뜻밖에 간단하고 쉽게 해결되는 것이다.

어떤 일에 도전할 때, 발전이나 비약의 기회와 연결될 때에는 불가능한 이유나 할 수 없다는 이유를 찾을 것이 아니라, 실천 가능한 방법을 찾아야 한다. 이처럼 긍정의 마음가짐이 가난을 물리치고 금전운을 끌어들이는 비결이다.

이 세상에 불가능한 일은 존재하지 않는다. 모든 일은 실현 가능하다. 그런데도 현실에서 불가능한 일이 발생하는 이유는 불가능하다고 믿는 사람들이 존재하기 때문이다. 인생은 자기가 믿는 대로 전개된다는 사실을 잊지 말라.

그날 할 수 있는 모든 일을 그날 하고 모든 일을 효과 있게 하라. 사소한 일이나 평범한 일이라 할지라도 한 행동마다 자신의 영상을 놓치지 말라는 것은 아주 세부의 것까지 뚜렷하게 영상으로 한 순간마다 보라는 것이 아니다. 쉬는 시간을 이용해 그 영상이 기억 속에 자리 매길 수 있도록 뚜렷한 영상을 떠올려 집중하면 된다.

신속한 결과를 원한다면 이 연습을 게을리 하지 말라. 끊이지 않고 생각을 하면 자신이 원하는 그림이 머릿속에 고정되고 무형 물질이 마음속으로 이동하게 될 것이다. 그런 다음 일하는 시간에 최선의 노력을 다하기 위한 자극제로 영상을 한번 떠올리면 되는 것이다.

여가 시간에 들인 노력으로 영상이 의식을 점령하게 해놓으면 언제라도 그것을 꺼낼 수 있다. 미래의 밝은 약속에 크게 고무된 사람은 그것에 대한 단순한 생각만으로도 강한 에너지를 발산할 수 있다. 우리의 원칙에 방금 알아낸 지식을 사용해 일부를 살짝 바꾸어 보자.

○ 생각하는 물질이 있다. 그것은 만물의 근원이며 우주의 모든 공간을 침투해 스며들고 우주를 가득 채운다.

● 이 물질 내에 있는 사고는 생각에 의해 형상화된 것을 생산해 낸다.

○ 인간은 머릿속으로 어떤 것의 형태를 만들어낼 수 있다. 무형 물질 위에 자신이 생각한 형태를 그려 냄으로써 그것을 창조할 수 있다.

● 이를 위해서는 경쟁의 자세가 창조의 자세로 바뀌어야 한다. 자신이 원하는 것의 선명한 그림을 형성해야 한다. 그것을 손에 넣기 위해서는 확고한 목적의식과 함께 이 그림을 머릿속에 간직해야 하며 그것을 얻겠다는 신념을 지녀야 한다.

○ 동시에 목적의식에 영향을 주거나 영상을 흐리거나 신념을 꺾을 만한 모든 것에 굳게 마음을 닫아야 한다.

● 원하는 것이 왔을 때 그것을 얻기 위해서는 주위의 사람과 사물에 영향을 미치는 행동을 반드시 곧바로 실행해야 한다.

○ 목적의식과 신념으로 그날그날 할 수 있는 모든 일을 해야 한다. 각각의 일은 효율적인 방법으로 행해야 한다.

그날 할 수 있는 모든 일을 그날 하고 모든 행위를 효과 있게 하라. 사소한 일이나 평범한 일이라 할지라도 한 행동마다 자신의 영상을 놓치지 말라는 것은, 아주 세부의 것까지 뚜렷하게 영상으로 한 순간마다 보라는 것이 아니다. 쉬는 시간을 이용해 그 영상이 기억 속에 자리 매길 수 있도록 뚜렷한 영상을 떠올려 집중하면 된다.

Chapter

13

성공을 위한 적절한 직업의 선택
Getting into the Right Business

Chapter 13
성공을 위한 적절한 직업의 선택
Getting into the Right Business

사업의 종류에 상관없이 성공은 그 사업에 요구되는 능력의 소유 여부에 달려 있다. 좋은 음악 재능이 없으면 음악 교사로 성공할 수 없고, 특별한 기계 기술이 없으면 기계 업종에서 커다란 성공을 거둘 수 없다. 장사에 대한 요령과 감각이 없는 사람은 상업으로 성공할 수 없다. 특정한 직업에 요구되는 숙련된 기술이 부자가 되는 것을 보장하지는 않는다.

뛰어난 재능을 가진 음악가들 중에도 가난하게 사는 사람이 있다. 훌륭한 기술을 지닌 목수나 대장장이 중에서도 부자가 아닌 사람이 많이 있다. 사람을 다루는 기술이 뛰어난 상인도 실패할 수 있다.

여러 능력은 연장이다. 좋은 연장을 갖는 것도 무척 중요하지만 그 연장을 제대로 쓰는 것이 더 중요하다. 한 사람이 아주 좋은 톱과 자, 대패를 가지고 가구 한 점을 만들었다.

그러나 그가 만든 가구는 전혀 멋지지 않았다. 좋은 연장을 성공하는 방법으로 사용할 줄 몰랐기 때문이다. 한 사람이 가진 여러 정신 능력은 그 사람을 부자로 만들어 주는 일을 할 때 꼭 필요한 연장이다. 숙련된 정신 연장으로 사업을 한다면 성공하기가 더욱 쉬워진다.

일반에서는 자신의 강점을 사용해 업종을 선택하고 그 '최적'의 직종에서 최선을 다해 일하는 것이 당연해 보인다. 거기에도 제한이 있다. 타고난 기술에 한해 직업을 선택해야 한다고 생각하는 사람은 아무도 없다.

어떤 직업을 가져도 부자가 될 수 있다. 그 직업에 맞는 재능이 없다면 계발하면 된다. 그것은 타고난 재능만 사용하는 데 그치지 않고 일을 해나가면서 재능을 계발해야 한다는 뜻이다. 잘 계발시킨 재능을 이미 갖고 있다면 그 직종에서 성공하기가 더욱 쉬워질 것이다.

그러나 직종을 막론하고 성공할 가능성은 있다. 아무리 초보 상태의 재능이라도 계발할 수 있고 누구나 매우 미미한 것이라도 모든 재능을 갖고 있기 때문이다.

최적의 직종에 종사하면 가장 쉽게 부자가 될 것이다. 자기가 하고 싶은 일을 한다면 가장 만족스런 부자가 될 것이다.

자신이 하고 싶은 일을 하는 것이 삶이다. 하고 싶지 않은 일을 강제로 하고, 하고 싶은 일을 하지 못할 때 삶은 불만스럽다. 하고 싶은 일이 있다는 것은 틀림없이 그 일을 할 능력이 있다는 뜻이다. 어떤 일을 하고자 하는 욕구가 생기는 것은 자신의 내부에 그 일을 할 힘이 있다는 증거이기 때문이다.

욕구는 힘의 표현이다. 음악 연주의 욕구는 표현과 계발을 찾는 힘이다. 기계 발명의 욕구 역시 표현과 계발을 찾는 힘이다. 계발되었건 안 되었건 간에 무언가를 하고자 하는 힘이 없다면 그 일을 하고자 하는 욕구도 없는 것이다. 어떤 일을 하고자 하는 강한 욕구가 있다면, 그것을 할 힘이 강하므로 계발해서 적절하게 사용하는 것이 필요하다는 증거이다.

동등한 욕구가 여러 가지 있다면 가장 많이 계발된 재능을 살릴 수 있는 직종을 선택하는 것이 최선이다. 그리고 특별한 직종에 참여하고 싶은 욕구를 강하게 느낀다면 그 일을 목표로 삼아야 한다.

자신이 하고 싶은 일은 할 수 있기 때문에 자신에게 가장 알맞고 즐거운 직종을 선택하는 것은 권리이자 특권이다. 하고 싶지 않은 일을 할 의무는 없다. 자신의 목표에 이르는 수단일 경우만 제외하고, 그 일을 해서도 안 된다.

과거의 실수로 원치 않는 직종에 종사하고 있다면 얼마 동안은 하고 싶지 않은 일을 해야 할 것이다. 그리고 원하는 일을 하게 될 가능성이 있다는 것을 알고 일하다면 현재의 일도 즐겁게 할 수 있다.

자신에게 적합한 일이 아니라는 느낌이 들더라도 성급하게 다른 일을 하려고 행동하지 말라. 일반에서는 직종이나 환경을 바꾸는 가장 좋은 방법은 점진적 확대이다. 기회가 나타났는데 몸을 사리다가는 그것을 놓치겠다는 느낌이 들었을 때, 갑작스럽고 근본의 변화를 일으키는 것에 대해 두려워하지 말라.

그러나 그 일을 하는 것이 현명한가에 대한 의심이 든다면 갑작스러운 행동을 절대 하지 말라. 급히 절대 서두를 필요가 전혀 없다. 기회는 얼마든지 있다.

경쟁하려는 마음으로부터 벗어나면 서두를 필요가 전혀 없다는 것을 이해할 것이다.

당신이 하고 싶은 일을 하지 못하도록 밀어낼 사람은 아무도 없다. 모두에게 충분한 기회가 있다. 한 자리가 채워지면 또 다른, 더 나은 자리가 잠시 뒤에 열릴 것이다. 시간은 충분하다.

의심이 들면 기다려라. 영상을 떠올리는 시간으로 돌아가 목적의식과 신념을 증가시켜라. 의심이 들고 미래가 불확실하다고 생각될 때에는 무엇보다도 감사의 마음을 키워라. 원하는 것의 영상을 떠올리고, 자신이 받게 될 것에 대해 열심히 감사하는 마음을 가져라. 그러면 하나님에게 다가갈 수 있기 때문에 행동할 때 실수를 저지르지 않을 것이다.

알아야 할 모든 것을 알고 있는 마음이 있다. 깊은 감사의 마음을 가지면, 목적의식과 신념에 의해 그 마음에 밀접하게 다가 갈 수 있다. 실수는 행동을 서두르거나 두려움, 의심을 동반한 행동, 혹은 모두에게 진보를 가져다주는 방향이 아닌, 옳지 못한 동기에 의해 행동할 때 생긴다.

특정한 방법으로 계속 움직이면 내게 다가오는 기회의 수는 늘어간다. 목적의식과 신념을 끝까지 잊지 말아야 하고 경건한 감사의 마음으로 초월하는 힘과 밀접한 관계를 유지해야 한다.

날마다 완벽한 방법으로 할 수 있는 모든 일을 한다. 걱정이나 두려움으로 서둘러 행동하지 말라. 서두르기 시작하는 순간 창조하려는 사람이 되기를 멈추고 경쟁하는 사람이 된다는 사실을 명심하라. 다시 후퇴하는 것이다. 서두른다고 느낄 때 거기서 멈추어야 하다.

인생에서 최대의 비극은 많은 사람들이 자기가 진정으로 하고 싶은 일이 무엇인지 알지 못하고 있는 것이다. 단지 월급에 얽매어 일하고 있는 사람처럼 불쌍한 인간은 없다.

발전이나 성공과 밀접히 관련되는 꿈을 설정할 때에는 자신의 개성이나 천직을 소홀히 여기지 말아야 한다. 자신의 개성이나 천직을 소홀히 여기면 안타깝고 터무니없는 결과를 낳을 수 있으니 주의해야 한다.

천직도 아닌데 한 가지 직종에만 얽매여 있으면 설사 꿈을 달성하는 시기를 설정해도 그 꿈을 실현시키기 어렵다. 그릇된 인생의 목표에 구속되어 생활할 수밖에 없기 때문에 시간이 흐를수록 자신의 생활에 불만을 느낄 뿐이다.

우리 인간은 누구나 바닥을 알 수 없는 거대한 가능성을 가지고 태어났다. 그것을 이끌어내는 것이 천직이다. 억만장자가 되기 위한 자격을 아는가? 그것은 천직에 종사하는 것이다.

원하는 영상에 주의를 집중하고 얻게 될 것에 감사하기 시작하라. 감사의 연습을 하면 틀림없이 목적의식을 새롭게 하고 신념을 강하게 해줄 것이다.

○ 생각하는 물질이 있다. 그것은 만물의 근원이며 우주의 모든 공간을 침투해 스며들고 우주를 가득 채운다.

● 이 물질 내에 있는 사고는 생각에 의해 형상화된 것을 생산해 낸다.

○ 인간은 머릿속으로 어떤 것의 형태를 만들어낼 수 있다. 무형 물질 위에 자신이 생각한 형태를 그려 냄으로써 그것을 창조할 수 있다.

● 이를 위해서는 경쟁의 자세가 창조의 자세로 바뀌어야 한다. 자신이 원하는 것의 선명한 그림을 형성해야 한다. 그것을 손에 넣기 위해서는 확고한 목적의식과 함께 이 그림을 머릿속에 간직해야 하며 그것을 얻겠다는 신념을 지녀야 한다.

○ 동시에 목적의식에 영향을 주거나 영상을 흐리거나 신념을 꺾을 만한 모든 것에 굳게 마음을 닫아야 한다.

● 원하는 것이 왔을 때 그것을 얻기 위해서는 주위의 사람과 사물에 영향을 미치는 행동을 반드시 곧바로 실행해야 한다.

○ 목적의식과 신념으로 그날그날 할 수 있는 모든 일을 해야 한다. 각각의 일은 효율적인 방법으로 행해야 한다.

어떤 직업을 가져도 부자가 될 수 있다. 그 직업에 맞는 재능이 없다면 계발하면 된다. 그것은 타고난 재능을 사용하는 데 그치지 않고 일을 해나가면서 재능을 계발해야 한다는 뜻이다. 잘 계발한 재능을 이미 갖고 있다면 그 직종에서 성공하기가 더욱 쉬워질 것이다. 그러면 직종을 막론하고 성공할 가능성은 있다.

Chapter

14

모든 사람은 발전을 원한다

The Impression of Increase

Chapter 14

모든 사람은 발전을 원한다

The Impression of Increase

직업을 바꿀 예정이든 아니든 현재 몸담고 있는 직종 안에서 행동을 해야 한다. 기반을 잡아놓은 사업을 건설적으로 사용하고, 특정한 방식으로 일과를 행함으로써 원하는 사업을 얻을 수 있다. 직접 만나거나 전화나 편지 이메일 등으로 사람을 다루는 사업이라면 발전의 흔적이 상대의 마음에 전달되는 것을 목표로 해야 한다.

발전은 모든 사람이 추구하는 것이다. 그것은 그들 내부의 무형 물질이 겉으로 표현되고자 하는 충동이다. 발전의 욕구는 자연 전체에 내재한 특성이고 우주의 기본 충동이다. 모든 인간 활동은 발전을 위한 욕구에 기초를 두고 있다. 인간은 더 좋은 음식, 좋은 옷, 사치, 아름다운 것, 더 많은 지식, 더 큰 즐거움, 즉 더 충만한 삶을 추구한다.

모든 생물은 계속 발전의 필요성 아래에 있다. 생명의 성장이 멈추면 즉시 소멸과 죽음이 찾아온다. 이 사실을 인간은 본능으로 알고 있다. 따라서 영원히 더 많은 것을 찾는 것이다. 영원한 증가의 법칙은 예수님이 달란트의 비유로 밝힌 적이 있다.

"무릇 있는 자는 받아 풍족하게 되고 없는 자는 그 있는 것까지 빼앗기리라."

부에 대한 평범한 욕구는 사악하거나 두려운 것이 아니다. 풍요로운 삶에 대한 요구일 뿐이다. 그것은 인간 본연의 욕구이기 때문에 모든 사람은 생활의 수단, 즉 물질을 많이 주는 사람에게 이끌리게 마련이다.

위에서 설명한 특정한 방식을 따라가면 자신의 부가 증가하고, 나와 거래하는 모든 사람도 부가 증가한다. 모든 이들에게 주어진 물질을 나누어 주는 창조 중심은 바로 나 자신이다.

그 사실을 명심하고 만나는 모든 사람에게 증가의 흔적을 전하라. 아이에게 사탕을 파는 아주 작은 거래 행위에서도 증가의 사고를 심고, 손님이 그 사고에 감동 받을 수 있도록 해야 한다. 모든 행위에 발전의 흔적을 담아 발전하는 사람의 모습을 보여주고, 당신과 거래함으로써 상대도 발전한다는 인상을 전한다. 또 알고 있는 모든 사람에게 증가의 사고를 전달한다.

사람에게 발전의 인상을 전달하는 방법은 자신이 발전하는 길을 가고 있다고 굳게 믿음으로써 그 신념이 모든 행동에 배어나오게 하는 것이다. 발전하는 사람이라는 자신감을 지니고 일을 하면 모든 사람에게 발전을 줄 수 있다. 부자가 되어 가고 있다고 느끼고 그런 식으로 행동함으로써 다른 사람을 부자로 만들어 주고 모두에게 이익을 주게 되는 것이다.

성공을 했다고 해서 자랑하거나 필요 없이 떠벌리지 말라. 진실한 신념은 절대 자랑하지 않는다. 자랑을 늘어놓는 사람은 무언가 감추는 것이 있거나 두려운 것이 있는 것이다. 굳은 믿음만 있으면 모든 거래에 그 신념이 흘러나온다. 행동, 어조, 시선 등에서 부자가 되어간다는, 이미 부자가 되어 있다는 조용한 자신 감이 흘러나오게 하라. 남에게 자심감이 느껴지는 데에 말은 필 요하지 않다.

그들은 당신의 존재만으로도 증가를 느끼고 당신에게 이끌릴 것이다. 다른 이들에게 강한 인상을 남겨 당신과 거래하면 자신 도 발전할 것이라는 느낌을 주어야 한다.

그들로부터 받는 현금가치보다 더 많은 사용가치를 주어야 한 다. 그 일에 자부심을 갖고 모든 사람을 대한다면 고객이 끊이지 않을 것이다. 사람은 증가를 부여받은 곳으로 간다.

만물이 발전하기를 바라며, 모든 것을 알고 있는 초월의 힘은 전혀 모르는 사람을 나에게 인도한다. 사업은 급속히 번창할 것 이며 기대치 못한 수익에 놀랄 것이다. 사업 규모를 늘리고 더 많은 이익을 확보하면서 적절한 직종을 향해 나아갈 수 있다.

그러나 이때에도 영상을 놓치거나 목적의식과 신념을 잃으면 안 된다. 한 가지 주의사항은 타인 위에 군림하려는 유혹을 조심 하라는 것이다. 힘을 과시하거나 남을 지배하는 것만큼 미숙한 사람을 즐겁게 하는 일은 없다. 이기적인 만족을 위해 남을 지배하려는 욕구는 세상에 내린 저주이다.

수세기 동안 왕과 영주들은 자신의 영역을 넓히기 위해 많은 전쟁을 치렀고 세상을 피로 물들였다. 그들은 모든 사람의 삶을 증가시키려는 노력 대신 자신의 권력을 증가시키는 노력을 해 왔다.

이와 같은 욕망이 오늘날 산업 세계의 주요 동기이다. 사람은 돈이라는 무기로 무장하고 타인 위에 군림하기 위해 수백만의 삶과 영혼을 짓밟고 있다. 산업계의 제왕은 정치의 제왕과 마찬가지로 권력의 욕망에 사로잡혀 있다.

예수님은 지배자가 되고자 하는 욕망 속에 사악함의 충동이 있다고 보고 타도해야 한다고 말했다. 마태복음 23장을 보면 '선생'으로 불리기를 바라고, 제일 높은 자리를 찾으며, 불쌍한 자에게 무거운 짐을 지게 하는 바리새인의 욕망이 나온다. 예수님은 이 지배욕을 버리고 형제애를 찾아야 한다고 제자들에게 말했다.

권위, 지배욕, 돈으로 다른 이들을 감동시키려는 유혹을 경계하라. 남을 지배하려는 마음은 경쟁의 자세이고 이는 창조의 자세가 아니다. 자신의 환경과 운명을 지배하기 위해 다른 사람들

위에 군림할 필요는 전혀 없다. 높은 자리를 차지하기 위한 경쟁 속으로 들어간다면 운명에 정복당하기 시작하는 것이며 부자가 되는 것을 요행과 운에 맡길 수밖에 없다.

부와 성공을 이룬 사람의 가장 큰 공통점이 있다. 그 공통점은 놀랍게도 이들은 모두 실패와 역경을 헤치고 지금의 행운과 성공을 누렸다는 것이다. 아마도 부자들이 감추고 싶어 하는 마지막 부와 성공의 나침반은 바로 실패와 역경을 헤치고 나올 수 있었던 그들의 긍정적 마음가짐이었을 것이다. 인생 도처에 산재한 실패란, 자신이 받아들이기에 따라서 그 장막이 걷히며 도약의 발판이 되는 것이다. 긍정의 마음가짐으로 일관하는 사람은 결코 패배를 인정하지 않는다. 반대로, 부정한 마음가짐의 소유자에게는 암울한 미래만이 기다릴 뿐이다.

간절한 소망을 마음에 선언하라. 반드시 소망이 이루어질 것이라고 믿어라. 틀림없이 소망이 실현된다. 부는 당신의 마음속에 존재한다. 당신의 마음가짐이 부와 가난을 결정짓는다. 가난을 생각하면 궁핍해지고 부를 생각하면 부유해진다. 불운을 부르면 불운해지고, 행운을 바라면 행운이 따른다. 어느 쪽을 선택하든 그 선택은 당신 자신에게 달려있다.

경쟁의 자세를 조심하라. '황금률 존스'라 불린 새뮤얼 밀턴 존스가 버릇처럼 했던 말은 창조 행동의 원칙을 잘 나타낸다.

"무엇이든지 남에게 대접을 받고자 하는 대로 너희도 남을 대접하라."

사람에게 발전하고 있다는 인상을 전달하는 길은 자신이 발전하는 길을 가고 있다고 굳게 믿음으로써 그 신념을 자신의 모든 행동에 배어나오게 하는 것이다.

발전하는 사람이라는 굳은 확신을 갖고 일을 하면 모든 사람에게 발전을 줄 수 있다. 부자가 되어가고 있다고 느끼고 그런 식으로 행동함으로써 다른 사람을 부자로 만들어주고 모두에게 이익을 주게 되는 것이다.

15

발전하는 사람

The Advancing Man

Chapter 15

발전하는 사람

The Advancing Man

앞에서 설명한 것은 전문직이나 봉급생활자뿐만 아니라 상인에게도 적용된다. 직업의 종류에 상관없이 남들에게 삶의 발전을 줄 수 있고 그들이 그 선물을 느낄 수 있게 된다. 그들은 당신에게 이끌릴 것이고 당신은 부자가 될 것이다.

스스로 성공했다고 자신하는 의사는 그 영상을 완벽하게 실현하기 위해 목적의식과 신념을 갖고 일할 것이다. 그는 하나님과 밀접한 관계를 갖게 되고 놀라운 성공을 거둘 것이다. 환자들이 그에게 몰려들 것이다.

의사들은 이 책의 효과를 가장 크게 볼 기회가 많은 사람들이다. 그의 전공은 중요하지 않다, 치료의 원칙은 의료인 모두에게 공통이기 때문이다. 의학 분야에 종사하는 성공한 의료인으로서 뚜렷한 영상을 지니고 목적의식과 신념, 감사의 법칙에 순종하는 사람은 치료법에 상관없이 자신이 완수해야 할 모든 치료에 성공할 것이다.

종교 분야에 있어서 세상은 풍요로운 삶으로 가는 참된 길을 가르칠 성직자를 소리 높여 찾고 있다. 부자가 되는 법과 함께 올바르고 위대한 인간, 승리하는 사람의 원리를 세밀하게 연구한 사람과 이것을 강단에서 가르치는 사람 앞에는 청중이 끊이지 않는다.

바로 세상이 필요로 하는 복음이다. 그것은 생명의 발전을 가져다준다. 사람은 기쁜 마음으로 설교를 듣고 그것을 전하는 사람에게 지지를 아끼지 않을 것이다. 필요한 것은 강단에서 삶의 과학을 어떻게 보여줄 것이냐 하는 것이다.

사람은 방법만을 말하는 설교자보다는 몸소 실천하는 사람을 원한다. 부자이고 건강하고 위대하고 사랑받는 설교자는 자신이 어떻게 그러한 것을 얻었는지 실제 경험담으로 들려줄 수 있을 것이다. 그를 따르려는 추종자의 수도 많아질 것이다.

그것은 교사의 경우도 마찬가지여서, 발전하는 삶의 목적의식과 신념을 가지고 학생을 가르치면 그들에게 감동을 불러일으킬 수 있다. 그는 절대 직장을 잃는 일이 없을 것이다. 교사가 가진 삶의 일부라면 학생들에게 전달되지 않을 수 없다. 교사, 성직자, 의사와 마찬가지로 변호사, 부동산 중개인, 보험 설계사 등 모든 사람에게도 위의 사실이 해당된다.

정신과 결합된 행동은 절대 오류가 일어날 수 없다. 이 가르침을 꾸준히 따르는 모든 사람은 말 그대로 부자가 된다. 삶의 증가법칙은 중력의 법칙처럼 수학이 정확한 것이다. 부자가 되는 것은 정밀과학이다.

봉급생활자에게도 모두 해당되는 말이다. 보이지 않는 곳에서 일하기 때문에 발전의 기회가 없고, 부자가 될 수 없다고 생각하지 말라. 물가에 비해 임금이 적은 직장에서도 기회는 있다.

원하는 영상을 뚜렷하게 형성하고 목적의식과 신념을 갖고 행동하기 시작하라. 그날 할 수 있는 모든 일을 날마다 하라. 각각의 일을 완벽하게 성공하는 방법으로 실행하라. 성공의 힘과 부자가 된다는 목적의식을 갖고 모든 일을 실행하라.

그러나 상사나 고용주에게 아첨을 해서 발전을 이루겠다는 생각은 하지 말라. 그들이 당신에게 좋은 일자리를 주거나 승진시킬 가능성은 희박하다. 자신의 자리에서 최선의 능력을 발휘하고 거기에 만족하는 좋은 일꾼인 사람은 고용주에게 매우 가치 있는 사람이다. 고용주는 그를 승진시키는 것에 관심이 없다. 현재의 자리에서도 그 이상의 가치를 발휘하고 있기 때문이다.

확실한 발전을 위해서는 자기 자리에 충실한 것 이상의 무언가가 필요하다. 발전이 확실한 사람은 현재의 위치에 있기에는 아까운 사람이고 자신이 원하는 것을 분명히 알고 있는 사람이다. 자신이 소망하는 사람이 될 수 있다는 것을 알면, 그는 결심이 확고한 것이다.

고용주를 기쁘게 하겠다는 생각으로 직분 이상의 것을 하지 말라. 자신을 발전시킨다는 생각으로 하라. 일하기 전에도, 일하는 시간에도, 퇴근 후에도 증가의 목적의식과 신념을 간직하라.

현장 주임, 동료, 사회에서 만난 친구 등 어떤 사람과 접촉할 때에도 그러한 목적의식과 신념이 온 몸에서 뿜어져 나오게 하라.

만나는 사람마다 당신에게 발전을 느낄 수 있도록 하라. 사람들이 당신에게 이끌려올 것이고, 지금의 자리에서 발전 가능성이 보이지 않는다면 곧 다른 자리로 갈 기회가 찾아올 것이다. 특정한 법칙에 따라 움직이는 발전하는 사람에게는 기회가 찾아온다. 특정한 법칙에 따라 행동하면 하나님은 자신을 돕기 위해서라도 당신을 도울 수밖에 없다.

경제상황이 좋지 않아도 실망할 필요는 없다. 대기업에서 일해 부자가 될 수 없다면 1만 평 정도의 땅을 사서 부자가 될 수 있다. 특정한 방식으로 움직이기 시작하면 대기업의 족쇄에서 탈출해 농장이든 어디든 가고 싶은 곳으로 갈 수 있다.

수천 명의 직원이 특정한 방식으로 움직인다면 그 회사는 곧 곤경에 처하게 될 것이다. 회사는 직원들에게 더 많은 기회를 제공하든지 파산 신청을 해야 할 것이다. 부당한 임금을 받으면서 계속 일할 필요는 없다. 절망의 조건 속에서도 떠나지 않는 사람은 너무 무지해서 부자가 되는 법을 모르거나 지나치게 게을러 실천하지 않는 경우일 것이다.

직종이나 업종과 맞추어가면서 앞으로 가능성이 있는 사업, 가능성이 있는 분야에 투자한다면 틀림없이 성공의 계기를 만들 수 있다. 그는 틀림없이 거부를 이룰 수 있다.

선견지명은 인생에서 매우 귀중한 복음이다. 선견지명이 당신에게 부를 가져다준다고 믿어라.

돈이 없어도 마치 있는 것처럼 생각하라. 작은 아파트에서 생활이 조금 쪼들린다고 하더라도 밖에 나가서는 부자처럼 행동하라. 평사원이라도 사장처럼 활동하라. 부자 친구가 초대하면 가는 것이 좋고, 가난한 친구는 초대하지 않더라도 이따금 찾아가라.

경제 체질을 강화하려면 당신의 마음속에 부유한 의식이 깃들어 있어야 한다. 그 일환으로 부자처럼 행동하기를 권한다.

앞서 말한 방식으로 생각하고 행동하라. 그러면 목적의식과 신념 덕분에 더 나은 기회를 신속하게 포착하게 될 것이다. 만물의 원동력인 하나님이 기회를 가져다 줄 것이기 때문에 그러한 기회는 빠른 속도로 다가올 것이다.

되고자 하는 것을 바로 이루어 주는 기회가 올 때까지 기다리지 말라. 지금보다 나아질 수 있는 기회라면, 그것에 이끌린다면 잡아라. 더 큰 기회를 향한 첫걸음이 될 수도 있다.

발전하는 삶을 살아가는 이에게 기회의 부족이란 있을 수 없다. 만물은 앞으로 나아가는 사람을 위해 존재하며 그의 행복을 위해 함께 일한다. 그것이 이 우주 고유의 특성이다.

발전하는 사람이 특정한 방식으로 행동하고 사고하면 부자가되는 것이 당연하다. 따라서 봉급생활자들은 이 책을 열심히 읽고 앞에 기술한 행동방식에 따라야 한다. 부자가 되는 법칙에 발전은 있어도 실패란 없다.

○ 생각하는 물질이 있다. 그것은 만물의 근원이며 우주의 모든 공간을 침투해 스며들고 우주를 가득 채운다.

● 이 물질 내에 있는 사고는 생각에 의해 형상화된 것을 생산해 낸다.

○ 인간은 머릿속으로 어떤 것의 형태를 만들어낼 수 있다. 무형 물질 위에 자신이 생각한 형태를 그려냄으로써 그것을 창조할 수 있다.

● 이를 위해서는 경쟁의 자세가 창조의 자세로 바뀌어야 한다. 자신이 원하는 것의 선명한 그림을 형성해야 한다. 그것을 손에 넣기 위해서는 확고한 목적의식과 함께 이 그림을 머릿속에 간직해야 하며 그것을 얻겠다는 신념을 지녀야 한다.

○ 동시에 목적의식에 영향을 주거나 영상을 흐리거나 신념을 꺾을 만한 모든 것에 굳게 마음을 닫아야 한다.

● 원하는 것이 왔을 때 그것을 얻기 위해서는 주위의 사람과 사물에 영향을 미치는 행동을 반드시 곧바로 실행해야 한다.

○ 목적의식과 신념으로 그날그날 할 수 있는 모든 일을 해야 한다. 각각의 일은 효율적인 방법으로 행해야 한다.

사람은 방법을 말하는 설교자보다는 몸소 실천하는 사람을 원한다. 부자이고 건강하고 위대하고 사랑 받는 설교자는 자신이 어떻게 그러한 것을 얻었는지 실제 경험담으로 들려줄 수 있을 것이다. 그를 따르려는 추종자의 수도 많아질 것이다.

Chapter

16

주의점, 결론적 고찰
Gome cautions,
and Concluding Observations

Chapter 16
주의점, 결론적 고찰
Gome cautions, and Concluding Observations

부자가 되는 법이 있다는 사실에 코웃음을 칠 사람이 있을 것이다. 부의 공급이 제한되어 있다는 생각을 가진 사람이 있을 것이다. 부의 공급이 제한되어 있다는 생각을 가진 사람은 다수의 사람이 부를 얻기 전에 사회기관과 정부가 변화되어야 한다고 주장한다. 그것은 사실이 아니다.

지금의 정부가 서민의 가난을 지속시키는 것은 사실이다. 그것은 서민이 특정한 방식으로 생각하고 행동하지 않기 때문이다.

이 책에서 제시한 내용에 따라 움직이기 시작한다면 정부도 산업 시스템도 그들을 저지할 수 없다. 모든 시스템이 발전하도록 이 움직임에 맞게 조정되어야 할 것이다.

발전하는 자세와 부자가 될 수 있다는 신념을 갖는다면 무엇도 가난을 지속시키지 못한다. 어느 시대, 어떤 형태의 정부 아래서도 각 개인은 특정한 방식으로 행동하면 정부의 시스템이 바뀌고 더 많은 이들에게 길이 열린다.

경쟁하는 자세로 부자가 되는 사람이 많을수록 그 외의 사람은 불리해진다. 창조하는 자세로 부자가 되는 사람이 많아질수록 그 외의 사람은 이로움을 얻는다.

서민의 경제 구원은 이 책에 나온 과학의 방법을 실행에 옮김으로써 부자가 될 수 있다는 신념과 진정한 삶의 욕구를 가지면 더 많은 사람에게 감동을 줄 수 있다. 현재로는 정부의 형태와 자본주의 및 경쟁주의의 산업구조에 상관없이 부자가 될 수 있다는 것을 아는 것으로 충분하다.

창조하는 자세로 생각하기 시작하면 전혀 다른 왕국의 시민이 될 수 있다. 명심해야 할 것은 창조하는 자세를 지켜야 한다는 것이다. 공급부족을 걱정하거나 경쟁하는 자세로 행동하는 일은 절대 없어야 한다. 새로운 사고방식을 잊을 때마다 즉시 자신을 수정하라. 경쟁하는 자세를 가질 때 마다 초월의 힘과 협조가 깨지기 때문이다.

일어날 가능성이 있는 응급사태에 대한 대비로 시간을 낭비하지 말라. 오늘 일을 완벽하게 성공하기만 하면 된다. 내일 일어날 일을 미리 걱정하지 말라. 닥치면 그때 해결할 수 있다.

사업을 하면서 언제 나타날지 모를 장애물에 대해 미리 걱정하지 말라. 오늘 취할 조치가 미래의 장애물에 필수인 경우만 제외하고는 무시하라. 멀리서 볼 때에는 아무리 두렵게 보이는 장애물이라도 특정한 방식으로 계속 행동하면 그 장애물이 없어지거나, 오더라도 돌파할 수 있거나, 장애물을 피해갈 수 있게 된다.

부자가 되는 과학 법칙을 철저하게 따르고 있는 사람을 막을 수 있는 상황은 존재하지 않는다. 법칙을 따르는 사람은 절대 부자가 되는 일에 실패하지 않는다. 2 곱하기 2가 4인 것과 마찬가지이다.

재앙, 장애, 공황상태, 최악의 상황에 대해서도 불안해하지 말

라. 바로 문제가 눈앞에 닥치기 전에 충분한 시간이 있을 것이다. 모든 어려움은 해결책과 함께 온다는 것을 발견하게 될 것이다.

말을 조심하라. 낙담한 듯 보이지 말라. 자기 자신에 대해, 개인 사정에 대해, 그 어떤 것도 낙담한 표정으로 말하지 말라. 실패할 가능성을 절대 인정하지 말고 실패를 염두에 둔 어떤 말도 하지 말라. 어려운 시기라거나 확실치 않은 사업조건이라는 말을 하지 말라.

경쟁하는 자세를 가진 사람에게는 어려운 시기나 의심스런 사업이 있을 수 있지만 창조하는 자세를 가진 당신에게는 해당되지 않는 말이다.

당신은 원하는 바를 창조해 낼 수 있고, 두려움도 없다. 다른 이들이 어려운 시기와 불황을 맞을 때 당신은 가장 큰 기회를 얻을 것이다.

세상을 발전하는 곳으로 보는 훈련을 하라. 사악해 보이는 것은 단지 미개한 것이라고 생각하라. 항상 발전하는 마음으로 이야기하라. 그렇지 않으면 신념을 부인하는 것이고 신념을 부인하면 발전에 실패하게 된다.

낙담하도록 자신을 내버려두지 말라. 어떤 시간에 어떤 것을 얻으리라 기대했는데 얻지 못했을 때 실패라고 생각할 수 있다. 신념을 잃지 않는다면 그것이 사실이 아니라는 것을 깨닫게 될 것이다.

계속해서 특정한 방식으로 행동하라. 그 물건을 얻지 못한다면 그보다 좋은 것을 얻게 될 것이고, 그때가 되면 실패로 보이던 것이 사실은 큰 성공의 전주곡이었음을 깨닫게 된다.

부자가 되는 법을 공부하던 어떤 학생이 당시 매우 간절히 원하는 사업을 마음속에 그리고 있었다. 그는 몇 주 동안 그 사업을 실현하기 위해 노력했다. 매우 중요한 순간이 왔을 때 전혀 이해할 수 없는 이유로 실패하고 말았다. 보이지 않는 힘이 그를 밀어내는 것 같았다. 그는 실망하지 않았다. 그는 반대로 자신이 열망하던 것이 이루어지지 않았음에 대해 하나님에게 감사하고, 그 마음을 계속 간직했다. 몇 주 뒤, 훨씬 더 좋은 기회가 찾아왔다. 첫 거래에서는 꿈도 못 꿀 조건이었다. 그는 자신보다 똑똑한 어떤 마음이 더 좋은 것을 위해 그보다 못한 것을 막았다는 사실을 알았다.

겉으로는 실패로 보이는 것이 실제로는 그와 같은 작용을 한다. 단, 목적의식을 간직하며 신념을 잃지 않고 감사하고 날마다 그날 할 수 있는 모든 일을 할 때만 그렇다.

실패를 겪는다면 그것은 충분히 요구하지 않아서이다. 계속해서 요구하라. 보다 큰 것이 다가올 것이다. 그 사실을 명심하라. 원하는 것을 할 만한 재능이 없어서 실패하는 일은 없다.

내가 말한 대로 계속한다면 그 일에 꼭 필요한 재능을 발전시키게 될 것이다. 재능을 계발하는 일까지 이 책에서 다룰 수는 없다. 부자가 되는 과정만큼 확실하고 간단하다.

원하는 지점에 이르렀을 때 능력이 부족해서 실패할 것이라고 생각하여 주저하지 말라. 계속 앞으로 나아가라. 그 지점에 이르면 능력이 생겨나 있을 것이다.

링컨의 일생은 실패의 연속이었다. 어렸을 때는 지독한 가난이 그를 괴롭혔고, 20대 때는 야심차게 시작한 사업이 망해 파산자 신세가 되었다. 빚을 갚기 위해 고생하던 중에는 그의 약혼자가 갑작스럽게 죽어버리는 충격적인 일도 겪었다. 변호사로 일하면서 정치에 꿈을 품은 링컨은 선거에 출마하지만 줄줄이 낙선했다. 그는 마치 실패와 불행을 부르는 사람처럼 보였다.

링컨이 전력을 다해 준비한 선거에 또 한 번 떨어진 날, 친구들은 그가 절망에 빠지진 않을까 걱정한다. 하지만 링컨은 의외로 담담한 표정으로 자리를 나선다. 그는 식당에 가서 배부르게 음식을 먹고, 이발소에서 머리도 멋지게 자른다. 그리고 이렇게 말한다. "이제 아무도 나를 실패한 사람으로 보지 않을 것이다. 왜냐하면 난 이제 곧바로 또 시작했으니까.

배가 든든하고 머리가 단정하니 걸음걸이가 곧을 것이고 목소리는 힘이 찰 것이다. 나 스스로 다짐한다. 다시 힘을 내자."

링컨은 '실패자'가 아니었다. 비록 실패를 겪었지만 곧바로 툭툭 털고 일어났기 때문이다. 몇 번이나 넘어지고 다시 일어났던 링컨은 드디어 52세의 나이로 미국의 제16대 대통령의 자리에 오른다.

교육을 제대로 받지 못한 링컨이 정부 수립 이래 한 사람이 이룩한 일로는 가장 큰 업적을 이루어낸 것과 똑같은 능력이 당신에게도 있다. 생각하는 힘을 사용해 자기 앞에 놓인 책임을 마주하라. 강한 신념으로 실행하라.

이 책을 공부하라. 이 책에 담긴 모든 내용을 모조리 숙지할 때까지 항상 몸에 지녀라. 신념을 확고하게 다지는 동안 대부분의 여흥은 포기하고 이 책의 내용과 반대되는 강의나 설교도 듣지 말아야 한다.

염세적인 문학 작품을 읽지 말라. 서문에 소개된 저자의 글 이외에는 많이 읽지 말라. 여가 시간에는 영상을 떠올리고 감사의 마음을 키우고 이 책을 읽어라. 여기에는 부자가 되는 법의 모든 것이 담겨 있다.

다음 장에서 부자가 되는 법에 대한 요점을 정리해 보겠다.

○ 생각하는 물질이 있다. 그것은 만물의 근원이며 우주의 모든 공간을 침투해 스며들고 우주를 가득 채운다.

● 이 물질 내에 있는 사고는 생각에 의해 형상화된 것을 생산해 낸다.

○ 인간은 머릿속으로 어떤 것의 형태를 만들어낼 수 있다. 무형 물질 위에 자신이 생각한 형태를 그려냄으로써 그것을 창조

할 수 있다.

● 이를 위해서는 경쟁의 자세가 창조의 자세로 바뀌어야 한다. 자신이 원하는 것의 선명한 그림을 형성해야 한다. 그것을 손에 넣기 위해서는 확고한 목적의식과 함께 이 그림을 머릿속에 간직해야 하며 그것을 얻겠다는 신념을 지녀야 한다.

○ 동시에 목적의식에 영향을 주거나 영상을 흐리거나 신념을 꺾을 만한 모든 것에 굳게 마음을 닫아야 한다.

● 원하는 것이 왔을 때 그것을 얻기 위해서는 주위의 사람과 사물에 영향을 미치는 행동을 반드시 곧바로 실행해야 한다.

○ 목적의식과 신념으로 그날그날 할 수 있는 모든 일을 해야 한다. 각각의 일은 효율적인 방법으로 행해야 한다.

낙담하도록 자신을 내버려두지 말라. 어떤 것을 얻으리라 기대

했는데 얻지 못했을 때 실패했다고 생각할 수 있다. 신념을 잃지 않는다면 사실은 그것이 실패가 아니라는 것을 깨닫게 될 것이다.

요약

Summary of the Science of Getting Rich

요약

Summary of the Science of Getting Rich

생각하는 물질이 있다. 그것은 만물의 근원이며 우주의 모든 사이 공간을 침투해 스며들고 가득 채운다. 이 물질 내에 있는 사고는 생각에 의해 형상화된 것을 생산해 낸다.

인간은 머릿속으로 어떤 것의 형태를 만들어낼 수 있다. 무형 물질 위에 자신이 생각한 형태를 그려냄으로써 그것을 창조할 수 있다.

이를 위해서는 경쟁의 자세가 창조의 자세로 바뀌어야 한다.

그렇지 않으면 창조적인 무형 지능과 조화가 깨지기 때문이다.

사람들은 자신에게 내려온 축복에 진실로 감사한 마음을 가짐으로써 무형 물질과 완벽한 조화를 이룰 수 있다.

감사는 인간의 마음과 사고하는 마음을 하나로 결합시키고 그로 인해 인간은 무형 물질로부터 사고를 얻게 된다. 인간은 계속 깊은 감사의 마음을 통해 무형 물질과 합일되고 그로 인해서만 창조의 자세를 유지할 수 있다.

우선 갖고자 하는, 하고자 하는, 혹은 되고자 하는 것의 영상을 명확하게 그려야 한다. 그 영상을 머릿속에 간직한 채 소망하는 모든 것을 내려주는 하나님께 무한한 감사를 드려야 한다. 부자가 되고자 하는 사람은 여가 시간에 영상을 떠올리고 그것이 현실로 나타나게 됨을 열심히 감사드려라.

흔들리지 않는 신념과 감사의 마음은 너무 중요해서 아무리 강조해도 지나치지 않는다. 이러한 과정을 통해 무형 물질에 모양을 그리고 창조력이 가동된다.

창조 에너지는 사회 전반을 통해 작용한다. 영상에 포함된 모든 것은 틀림없이 눈앞에 나타나게 된다. 단, 이 책의 지침을 따르고 흔들리지 않는 신념을 가졌을 때만 그러하다.

원하는 것은 기존의 거래방식을 통해서 온다. 자기 것이 다가올 때 받을 수 있으려면 스스로 능동의 태도이어야 한다. 지금 자신의 위치를 지키는 것만으로는 부족하다. 영상의 실현을 통해 부자가 되겠다는 목표를 마음속에 간직하고 있어야 한다.

날마다 그날 할 수 있는 모든 일을 해야 한다. 각각의 행동을 성공으로 완수해야 한다. 현금 가치보다 많은 사용 가치를 모든 이에게 주어야 한다. 그래야만 거래가 삶을 증진시키는 방향으로 나아간다.

또한 발전하는 사고를 간직해 증가의 흔적이 만나는 사람에게 전달되어야 한다. 그와 같은 지침을 실천하는 남녀는 틀림없이 부자가 될 것이다. 그들이 얻은 부는 영상의 정확함, 목적의 확고함, 신념의 불변성, 감사의 깊이와 정확히 같은 비율이다.

○ 생각하는 물질이 있다. 그것은 만물의 근원이며 우주의 모든 공간을 침투해 스며들고 우주를 가득 채운다.

● 이 물질 내에 있는 사고는 생각에 의해 형상화된 것을 생산해 낸다.

○ 인간은 머릿속으로 어떤 것의 형태를 만들어낼 수 있다. 무형 물질 위에 자신이 생각한 형태를 그려냄으로써 그것을 창조할 수 있다.

● 이를 위해서는 경쟁의 자세가 창조의 자세로 바뀌어야 한다. 자신이 원하는 것의 선명한 그림을 형성해야 한다. 그것을 손에 넣기 위해서는 확고한 목적의식과 함께 이 그림을 머릿속에 간직해야 하며 그것을 얻겠다는 신념을 지녀야 한다.

○ 동시에 목적의식에 영향을 주거나 영상을 흐리거나 신념을 꺾을 만한 모든 것에 굳게 마음을 닫아야 한다.

● 원하는 것이 왔을 때 그것을 얻기 위해서는 주위의 사람과 사물에 영향을 미치는 행동을 반드시 곧바로 실행해야 한다.

○ 목적의식과 신념으로 그날그날 할 수 있는 모든 일을 해야 한다. 각각의 일은 효율적인 방법으로 행해야 한다.

부자가 되는 법은 이 믿음을 절대로 받아들이는 것으로부터 시작된다. 이제 당신은 열매를 수확할 수 있다.

부자들의 시크릿 노트
the science of getting rich

초판1쇄   2021년 11월 15일

지은이   윌리스 D. 와틀스
옮긴이   김병민
디자인   최주호
펴낸이   이규종
펴낸곳   예감
등록번호   제2020-000033호(1985.10.29.)
등록된곳   경기도 고양시 덕양구 호국로 627번길 145-15
전   화   (02) 323-4060, 6401-7004
팩   스   (02) 323-6416
이 메 일   elman1985@hanmail.net
            www.elman.kr

ISBN   979-11-89083-78-6 03320

값 13,000 원